HISTOIRE DES MAIRES

DE MELUN

MELUN EN 1860

ALBERT HUGUENIN

HISTOIRE

DES

MAIRES de MELUN

1506 — 1891

MELUN

IMPRIMERIE DU « MESSAGER DE SEINE-&-MARNE »

9, rue de la Gare, 9

1897

Il a été tiré cent exemplaires,

seulement, de cet ouvrage.

AVANT-PROPOS

———❦———

L'Histoire des Maires de Melun, que je présente, est la réunion d'une série d'articles qui ont paru dans le Messager de Seine-et-Marne, journal entièrement consacré aux intérêts de la Cité melunaise.

Le lecteur ne sera donc pas surpris de la brièveté du style qu'un journaliste est souvent obligé d'employer pour un article publié dans une feuille où la plus large place est destinée aux actualités.

Ceci établi, il ne me reste plus qu'à remercier toutes les personnes qui ont bien voulu m'aider dans ce travail de compilation en me procurant des documents exacts et absolument historiques.

Je suis heureux de rendre ici un sincère hommage au talent de M. Gabriel Leroy, auteur de l'Histoire de Melun, dans laquelle j'ai puisé des inspirations qui m'ont été précieuses pour la tâche que je m'étais tracée.

L'HISTOIRE DES MAIRES DE MELUN n'est pas un ouvrage donnant les biographies des soixante-quatre magistrats qui ont été successivement à la tête de la municipalité pendant plus de trois siècles.

Elle est le résumé succinct des principaux faits qui se sont passés sous l'administration de chacun, donnant ainsi le développement de la ville depuis 1506 jusqu'à nos jours.

En popularisant une œuvre aussi utile, je crois avoir rempli mon devoir de bon citoyen d'une cité où j'ai l'honneur de résider depuis un quart de siècle ; aussi, ai-je l'espoir que l'HISTOIRE DES MAIRES sera bien accueillie par les Melunais et par tous ceux qui s'intéressent au passé honorable et glorieux de la ville de Melun.

Melun, le 15 septembre 1897.

A. H.

Histoire des Maires

DE MELUN

XVᵉ et XVIᵉ siècles

En tous temps les communes ont été dirigées par des habitants choisis dans les communes elles-mêmes.

Qu'ils aient été primitivement appelés *consuls*, *mayeurs*, *majors*, *procureurs-syndics* ou *premiers échevins* ; que les pouvoirs leur fussent octroyés par les Chartes des rois ou des seigneurs déterminant leurs prérogatives, ou par les suffrages de leurs concitoyens, ils étaient, comme nos maires actuels, les représentants de l'ensemble des habitants de leurs localités.

On ne peut guère préciser une date relative à la création des maires, leurs attributions sont venues peu à peu, suivant les événements et le progrès; toutefois on peut, au point de vue administratif, faire remonter les premiers maires au temps de la République romaine, 509 ans avant Jésus-Christ.

C'est, en effet, après la chute de Tarquin *le Superbe*, le dernier roi de Rome, que deux consuls furent nommés par les suffrages des électeurs romains pour administrer la capitale républicaine.

La durée de leurs mandats étant annuelle; ces deux *consuls* n'étaient en réalité que des *maires* chargés de la gestion des intérêts de la cité.

Jusqu'à la féodalité, les communes ont été régies par les seigneurs, maîtres absolus de leurs fiefs, et qui, plus puissants que la royauté, fractionnaient la France en plusieurs petits Etats.

Ce fut sous le règne de Louis VI, dit *le Gros*, que commença l'affranchissement des communes. Enserrées de tous côtés par la puissance de la seigneurie, le roi trouva, dans la bourgeoisie des localités, des adversaires du régime féodal et toute la politique de Louis le Gros consista à favoriser la révolution communale.

Les guerres privées que les seigneurs se faisaient entre eux nécessitaient des besoins d'argent afin de tenir leurs *maisons* convenablement. Ils accordèrent alors aux villes et aux communes de leurs fiefs, certaines franchises moyennant finances, l'autorité royale intervenait pour sanctionner et garantir les conventions passées entre le peuple et les seigneurs.

Peu à peu, les opprimés tournèrent leurs regards vers la royauté qui défendait leurs intérêts.

Les Chartes que les seigneurs concédaient, moyennant certaines redevances ou moyennant finances, stipulaient la liberté des bourgeois de la commune.

Elles leur accordaient la libre disposition de leurs biens et leur reconnaissaient le droit d'élire les magistrats municipaux : échevins, maires ou consuls.

Aucune pièce, concernant ces nominations, n'est restée dans les archives du département de Seine-et-Marne, mais il est

supposable que sous la féodalité il devait
y avoir à Melun un premier échevin, ou
maire, jouissant d'une certaine faveur auprès de la Cour, attendu que la cité Melunaise était fréquentée, tous les ans, par
les gentilhommes et par les rois eux-mêmes qui aimaient « venir passer la besle
sayson sur les bords de la Seyne dans la
ville de Meleun ».

Robert II, roi de France, y mourut en
1031 dans le château qui se trouvait au
bout de l'île et dont il ne reste comme
vestige qu'une tourelle dite *tour de la
Reine-Blanche*,

Cependant, les bonnes dispositions pri-
ses au XIIe siècle par Louis le Gros pour
l'affranchissement des communes, ne
durèrent que jusqu'à l'avènement des
Valois en 1328.

Les seigneurs reprirent leur autorité et
nommèrent les *mayeurs* dans chacune de
leur communauté.

Ces mayeurs étaient plutôt des officiers
de police que des *maires*.

Représentants des seigneurs, ils exerçaient les droits de ceux-ci, les défendaient en cas échéant et surtout percevaient les dîmes pour le compte des seigneurs féodaux.

Certaines villes, comme Melun, par exemple, dépendant du domaine royal, étaient gérées par des procureurs-syndics ou plutôt des prévôts chargés de la perception des impôts de toute nature.

Comme partout, le rôle du procureur-syndic était très limité; les curés des paroisses St-Aspais, St-Etienne, St-Liesne, St-Barthélemy et St-Ambroise tenaient les registres de l'état civil; les églises étaient construites et réparées avec l'argent des fabriques, l'entretien des routes et des fortifications incombait au trésor royal et la police était faite par le bailli.

Cet état de choses durait encore sous Louis XI.

Ce monarque habile et cruel, dont la devise : *Diviser pour régner*, sert encore au politiciens de nos jours, encouragea puissamment le commerce et l'industrie ;

il traça des routes, multiplia les foires et créa *les postes*, en un mot, il constitua la France moderne.

La question des maires et des échevins le préoccupait surtout, il rêvait de les nommer dans toutes les villes du royaume afin d'amoindrir la prépondérance de la noblesse qu'il se plaisait à humilier.

Sa mort, survenue le 24 août 1483, l'empêcha de continuer son œuvre d'organisation.

Son fils, Charles VIII, étant trop jeune pour régner, la régence du royaume fut confiée à Anne de Beaujeu, sa sœur aînée, ce qui amena une rivalité entre la régente et Louis d'Orléans, marié avec la deuxième sœur du roi.

Avec cette rivalité, qui dura quinze ans, s'arrêta le mouvement de progrès commencé par Louis XI.

Plus tard, lorsque Louis d'Orléans, sous le nom de Louis XII, succéda à Charles VIII mort sans enfants, les réformes communales ont été appliquées.

Des *comis au gouvernement*, chargés

d'administrer les biens et les affaires des villes du domaine royal, furent nommés par le roi.

C'est Nicolas Tappereau, « bourgeois de Meleun, sieur de Marché-Marais », qui fut désigné pour remplir ces fonctions.

Son nom à été retrouvé dans le procès-verbal de rédaction de la première *coutume* du baillage dressé le 20 octobre 1506.

Si Nicolas Tappereau ne portait pas le nom de *maire* il n'en n'était pas moins, en qualité de *comis au gouverment*, administrateur et, de ce fait, peut être considéré comme le premier maire de la ville de Melun.

Assisté de quatre échevins et d'un conseil de « notables », le « sieur de Marché-Marais » administra la ville jusqu'à sa mort, qui a certainement eu lieu après celle de Louis XII, car ce monarque était trop soucieux de l'administration des villes du domaine royal pour ne pas avoir donné un successeur au « comis au gouvernement pour la ville de Meleun » si Nicolas Tappereau était décédé avant lui.

En toute supposition, le premier maire de Melun connu a été à la tête de la municipalité jusqu'au-delà de 1515, date de la mort du roi.

C'est pendant sa gestion que le chevet et le chœur de l'église Saint-Aspais furent reconstruits sur les plans de Jehan de Félin, architecte parisien.

C'est également pendant les premières années du xvie siècle que Louis XII autorisa les habitants, « les bourgeois et les manants », à se livrer au tir de l'arquebuse.

Pendant trois siècles, la compagnie de l'*Arquebuse* fit l'honneur de la cité ; elle figurait dans les parades militaires et se battit vaillamment lorsque les troupes d'Henri IV assiégèrent Melun, en 1590.

Elle avait pour devise : *L'Anguille*, ce qui prouve que le dicton populaire :

L'Anguille de Melun crie avant qu'on ne l'écorche

est antérieur au règne de Henri III.

Ceci dit pour certains historiens qui le font remonter au temps des « Ligueurs » ;

du reste, Rabelais en parle dans son *Pantagruel*.

Composée « d'hommes honorables » de la cité la compagnie des arquebusiers devint bientôt florissante et, grâce aux dons qui lui furent faits à différentes reprises, elle acheta un hôtel dans le quartier St-Ambroise.

L'*Hôtel de l'Arquebuse* a été vendu le 20 novembre 1792, par devant Mᵉ Savenet, notaire à Melun, à la suite du licenciement de la compagnie.

Cent ans plus tard, en 1892, les enfants de Melun ont fondé un société fraternelle avec le titre de l'*Anguille*; leur insigne est semblable à celui de leurs ancêtres, espérons pour elle qu'elle vivra autant que la compagnie des arquebusiers melunais.

François Iᵉʳ était trop avide de gloire militaire pour s'occuper de l'administration civile.

Ses démêlés avec l'empereur Maximi-

lien et le pape Léon X, le successeur de
Jules II qui avait organisé la *sainte-ligue*
contre la France ; ses guerres avec Char-
les-Quint l'absorbèrent tellement qu'il né-
gligea les administrations communales.

Ces alternatives d'organisation et de ré-
trogradation n'avaient rien d'extraordinaire à une époque où les seigneurs gou-
vernaient eux-mêmes leurs provinces.

Catherine de Médicis, épouse de Henri II tué dans un tournoi, était une femme
de gouvernement ; pendant le règne de
son mari, elle avait repris les projets de
Louis XII pour l'affranchissement des
communes et, quand François II, son fils,
monta sur le trône, il suivit l'impulsion
de sa mère et nomma, en 1560, Gabriel
Bordier procureur-syndic de la ville de
Melun.

A partir de cette époque, le pouvoir municipal fut définitivement constitué.

En 1570, Gabriel Bordier mourut et
Claude Fuselier, « homme seyrieux et de

bons conseils », le remplaça à la gérance des affaires municipales.

Ce troisième maire était un notable très dévoué pour les intérêts de la ville ; c'est lui qui fut chargé d'établir le premier impôt en *espèces* dans la cité melunaise.

Le roi Henri III avait, dans un édit, autorisé la ville de Melun à ce qu'elle eut un revenu annuel et que ce revenu serait fourni par une imposition de 2 sols 6 deniers sur chaque minot de sel vendu au grenier de Melun.

Comme le minot équivalait à un demi-setier, mesure encore employée par nos marchands de grains, c'était une imposition de 2 sous 1/2 pour environ 5o litres de sel.

Les contribuables de 1896 sourient en songeant à la somme minime que leurs pères payaient il y a 3o5 ans ; et ils ont raison, car nous avons retrouvé dans un compte de budget d'une de ces dernières années que nous payions 1o francs par 1oo kilogrammes et que le produit total du revenu sur le sel produisait 38,000,000 de francs au trésor français.

En 1575, les États-Généraux réunis à Blois revendiquèrent la liberté des élections dans les assemblées communales. Claude Fuselier, d'après l'édit, fut nommé par la pluralité des suffrages ainsi que les échevins choisis parmi les notables.

Les pouvoirs municipaux expiraient tous les ans « le jour de la Saint-Rémy » (1er octobre).

Ce jour-là, le lieutenant-général du baillage et ses assesseurs assignaient les notables de la ville de Melun à comparaître à la *mairerie* pour nommer les officiers municipaux.

Ceux qui ne répondaient pas à cette assignation étaient « très mal venus » et condamnés à 10 écus d'amende, lesquels servaient aux « réparations de la commune ».

Comme on le voit, il y a trois siècles, sous la royauté, le vote était obligatoire. Que les insouciants de nos jours, qui ne remplissent pas leur devoir de citoyens, méditent les dispositions prises par la monarchie en 1575 !...

Pendant les guerres de religion, qui avaient lieu dans la Nièvre entre les catholiques et les protestants, des réquisitions nombreuses étaient faites chez les habitants qui possédaient des chevaux et des charrettes.

Naturellement, les propriétaires melunais protestaient et de graves conflits s'élevaient entre eux et l'intendance royale.

Grâce au tact et à l'intelligence de Claude Fuselier, qui savait intervenir dans ces réquistitions, l'entente se faisait et souvent à la satisfaction des deux partis.

Ce magistrat dévoué resta à la tête de la municipalité jusqu'en 1587.

Les plus grandes calamités s'abattirent sur Melun pendant la durée de son administration.

En 1578, *le courant*, sorte de dysenterie, fit de sérieux ravages dans la population melunaise.

En 1579, la Seine déborda et tous les bas quartiers de la ville furent inondés ; les eaux étaient si fortes qu'elles passèrent par-dessus le pont Saint-Liesne, ce qui interrompit les communications urbaines avec le faubourg.

En 1580, une maladie, à laquelle on avait donné le nom de *coqueluche*, fut apportée à Melun par les parisiens qui avaient fui la capitale dans la crainte de ce fléau.

L'épidémie jeta l'effroi dans la ville de Melun où les principes de l'hygiène publique étaient encore très primitifs.

Une famine épouvantable se déclara en 1584 à la suite des pluies continuelles qui avaient noyé les récoltes de la Brie.

Il en fut de même en 1586 où le prix du setier de blé qui variait jusqu'alors entre 4 et 6 livres s'éleva à 12 livres 7 sols 6 deniers.

Pendant cette époque de calamités qui consternaient la pauvre cité melunaise, Claude Fuselier déploya un zèle digne d'éloges ; mais les magistrats furent im-

puissants à soulager ces misères attendu
que, d'après une nouvelle ordonnance
royale, les ressources de la ville, pro-
duites par l'impôt du sel et du vin, étaient
spécialement affectées aux travaux des
fortifications.

Claude Fuselier fut remplacé par Charles Riotte (premier du nom), le 2 du mois
d'octobre 1587.

Pressé par les catholiques ardents, Henri III se décida à sortir de sa réserve contre la ligue, ou plutôt la *Sainte-Union*,
dont le but secret était de renverser le roi
pour faire passer la couronne dans la maison de Guise.

Après la journée des *Barricades*, les ligueurs avaient envoyé à Melun le capitaine Saint-Pol, afin de s'emparer de cette
ville qui commandait la vallée de la
Seine.

Pendant leur séjour, Saint-Pol et ses
bandes d'hommes armés mirent à contribution les habitants; ils pillèrent, volè-
rent chez tous ceux qu'ils suspectaient

d'être restés fidèles au roi et se battirent, en mai 1588, contre Tristan de Rostaing qui avait organisé la défense de l'île Saint-Etienne.

Après une canonnade de deux ou trois jours, ils durent se retirer pour ne pas être pris entre deux feux, car les troupes royales, commandées par Claude de Bourbon de Rubempré, accouraient de Corbeil pour soutenir les partisans de Henri III.

Lorsque Saint-Pol arriva dans Melun, le maire Charles Riotte arbora l'écharpe verte, emblême des ligueurs, mais il s'empressa de dissimuler cet insigne de parti lorsque les soldats du roi furent les vainqueurs de la cité.

Soit en raison de son affiliation à la ligue, soit qu'il eut le réel désir de soulager ses concitoyens déjà si éprouvés, Charles Riotte refusa net la proposition d'une commission qui lui avait été envoyée par Henri III, proposition qui consitait à lever un impôt de 1,233 écus sur les habitants de Melun.

Il quitta son poste à l'expiration de son mandat et, le 2 octobre 1588, Symon Mégyssier fut élu *maire*, Claude Leconte, Jean Legendre, Estienne Moyreau, *échevins*.

Après la retraite de Saint-Pol, le gouverneur rétablit l'autorité royale dans la paroisse St-Aspais et Tristan de Rostaing, dont la mansuétude égalait la loyauté, ne sévit pas contre les ligueurs melunais qui s'étaient déclarés contre lui.

Le roi manifesta sa satisfaction, envers les défenseurs de sa cause, par une lettre de félicitations adressée à M. de Sourdys, gendre du gouverneur; puis, pour récompenser les habitants de St-Etienne et St-Ambroise, il leur accorda une foire franche « pour chaque année ».

Cette faveur suscita des jalousies dans la paroisse St-Aspais ; les habitants s'adressèrent au nouveau maire, Mégyssier, qui exposa leur plainte au gouverneur, lequel la transmit au roi.

Henri III revint sur sa décision et, dans une nouvelle ordonnance du 24 novembre

3

1588 datée de Bloys, il déclara que cette foire s'appliquerait à « toutes les paroisses et faubourgs de Melun ».

Ce fut l'origine de la foire Saint-Martin qui a été rétablie en 1850 sous l'administration de M. Poyez.

Après la journée des *Barricades*, Henri III, qui s'était réfugié à Blois, affecta la générosité et l'oubli ; mais, en digne descendant des Médicis, il fit assassiner le duc de Guise et son frère, le cardinal de Lorraine, dans ce château le 23 décembre 1588.

La nouvelle de ce lâche assassinat excita la colère des ligueurs dans toute la France.

A Melun, le maire, les échevins et la majorité de la population se prononcèrent nettement pour les Guises et menacèrent le gouverneur Tristan de Rostaing qui fut obligé de se retrancher encore une fois dans l'île St-Etienne.

Mégyssier avait délégué à Paris un

nommé Pierre Jauvart, l'un des « notables eschevins » pour aller réclamer des
secours au duc de Mayenne.

Pierre Jauvard revint avec des troupes
commandées par le capitaine Aubert qui
avait reçu l'ordre suivant :

De par le Prévost des Marchands et Eschevins
de la Ville de Paris

Il est ordonné au capitaine Aubert et sa com-
pagnye de gens de pied de se transporter promp-
tement en la ville de Melun, pour le secours des
catholiques, où ils seront menez et conduicts
par Pierre Jauvart, l'un des eschevins de la dite
ville de Melun.

Faict au bureau de la Ville, le 23ᵉ jour de janvier l'an 1589.

Signé : HEVERARD.

Cette pièce existe dans les minutes du
notaire Godefroy qui exerçait de 1579 à
1590 dans l'étude tenue aujourd'hui par
Mᵉ Duguet.

Les combats recommencèrent comme au
mois de mai, avec plus de rage et plus
acharnés encore.

L'île St-Etienne fut bombardée par les
ligueurs et prise d'assaut le 22 février
1589.

La ville entière se trouvait au pouvoir
des partisans de la vengeance des Guises.

Pour fêter cette victoire, on fit des feux
de joie dans les rues, des scènes populaires furent organisées par la municipalité
et le maire prononça des tirades contre
« Henri de Valois, détestable tyran, ho-
micide des saincts martyrs les duc et cardinal de Guise ».

Le 31 mars, jour du « vendredy sainct »,
un service solennel fut célébré dans l'é-
glise Notre-Dame pour les « saincts martyrs », puis, le soir, le maire, les échevins et
« 1,200 personnes de tout âge » se prome-
nèrent en procession dans la ville « à la
clarté des torches tenues par les moynes
et les ecclésiastyques ».

A cette triste époque de notre histoire,
Henri III était répudié à Paris et dans
plusieurs parties de la France.

C'est alors qu'Henri de Navarre, avec

une grande habilité politique, vint offrir au roi le secours des troupes protestantes dont il disposait.

Les deux princes s'entendirent et, le 15 juillet 1589, ils assiégèrent la capitale.

L'assaut allait être donné quand, le 1er août, Henri III fut poignardé à St-Cloud par le moine Jacques Clément.

Le lendemain de cet attentat, les troupes, rassemblées au camp de St-Cloud, proclamèrent le fils d'Antoine de Bourbon roi de France qui prit le nom de Henri IV.

Le même jour, le duc de Mayenne était nommé lieutenant-général du royaume par le cardinal de Bourbon que les ligueurs venaient de reconnaître pour roi de France sous le nom de Charles X.

Le duc de Mayenne, qui connaissait le dévouement de Melun pour la ligue, vint un jour dans notre ville et fut chaleureusement acclamé par les melunais; c'est à la suite de cette visite qu'il ordonna au maire Mégyssier de fournir un local devant servir d'atelier « afin d'y installer les coings et autres objets pour battre la monnaie du roi des ligueurs ».

Des pièces à l'effigie de Charles X, cardinal de Bourbon, ont été retrouvées, en 1826, en faisant des fouilles dans la rue Saint-Jacques.

Elles sont naturellement très rares, cependant nous connaissons, à Melun, un numismate qui en possède une parfaitement conservée.

En ces temps de troubles, les rouages communal et administratif fonctionnaient toujours avec la même ponctualité.

Le jour de la saint Rémy suivant on convoqua les électeurs, comme d'habitude, pour le renouvellement de la municipalité.

Claude Leconte, l'un des échevins, fut élu maire pour l'exercice 1588-1590, Mathieu Gaillard, avocat ; Pierre Pichon, procureur ; Pierre Barbin furent élus échevins pour la même période.

Trop faible pour attaquer Paris, Henri IV parcourut la Normandie, levant des impôts, lançant des ordonnances, etc.

Le duc de Mayenne ne pouvait le voir, d'un œil calme, agir en roi dans les provinces qu'il avait offertes au cardinal de Bourbon.

Il entra en campagne contre le « Béarnais ».

Battu à Arques, le lieutenant-général abandonna complètement la rive gauche de la Seine et, après sa défaite d'Ivry, la route de Paris fut ouverte à Henri IV.

Le roi protestant en profita et marcha vivement sur la capitale.

A l'approche des troupes royales, les autorités melunaises préparèrent la résistance.

« Des gens de guerre » du duc de Mayenne, repliés sur Melun, renforcèrent la garnison qui se composait de la milice, sorte de garde nationale, et de la compagnie des arquebusiers l'*Anguille*; en tout 1,000 hommes sous le commandement général du capitaine Fouronne.

La plus grande activité régnait dans la ville.

Un « notable », nommé Claude Pinot, avança l'argent nécessaire pour réparer les fortifications.

Des ravelins ou éperons furent construits devant la place de la porte de Paris et devant la place St-Jean dans la rue qui porte encore le nom d'*éperon*.

Le maire et les échevins encourageaient les compagnies bourgeoises à la résistance.

Tous s'occupaient d'organiser la défense de la cité, car les melunais étaient décidés à mourir pour la cause de la ligue.

Quand tout fut prêt, on attendit l'attaque !

Le 5 avril 1590, les guetteurs qui ne quittaient pas leurs postes, signalèrent les premiers éclaireurs royaux sur les routes de Corbeil et du Châtelet.

Le 6, Henri IV s'installa dans le parc de Vaulx-le-Pénil, puis, le lendemain 7 avril, l'armée, commandée par le roi en personne, prit position sur les hauteurs

de St-Liesne, les Carmes et St-Barthélemy et, dans la matinée, les premiers
boulets furent lancés, par sept pièces de
canons et deux couleuvrines, sur les remparts près de la porte St-Jean.

Trois cents coups de canons ont été tirés sur les vieux remparts de Melun.

Devant cette formidable artillerie, les
fortifications du XIIe siècle ne résistèrent
pas et bientôt une brèche assez grande
permit aux soldats huguenots de s'élancer
à l'assaut.

Les défenseurs de Melun tenaient bon,
mais les troupes royales, habituées à
vaincre, arrivèrent ivres de rage dans les
fossés, ils escaladèrent la muraille, péné-
trèrent dans la ville par la rue aux Oignons (rue de l'Hôtel-de-Ville) et la place
du Martroy (rue Carnot).

Les ligueurs melunais reculaient de barricades en barricades, battant en retraite
du côté de l'île St-Etienne, faisant passer
les « habytants inoffensyfs » sur le Pont-
aux-Fruits.

4

Quand les derniers combattants eurent traversé, ils incendièrent le Châtelet, qui fermait le pont, pour barrer la route aux assaillants.

Plusieurs habitants, qui s'étaient réfugiés dans l'intérieur de l'église St-Aspais, croyant y trouver l'inviolabilité, furent battus et massacrés dans le chœur même sans aucun scrupule religieux de la part des protestants.

Le curé de Notre-Dame, Nicolas Moullard et Pierre Perrotte, curé de St-Aspais, qui avaient fui ce lieu de refuge, arrivèrent à temps pour passer le pont avant sa destruction.

Claude Leconte, le maire, n'eut pas ce bonheur ; les soldats d'Henri IV le firent prisonnier et le gardèrent dans la Maison commune (hôtel de ville) située au bout de la rue Neuve, sur le bord de la Seine.

Enivrés par le succès et furieux de ne pouvoir atteindre les ligueurs melunais, ils se vengèrent en incendiant plusieurs maisons dans la rue du Chandé (rue St-

Jacques) ainsi que l'habitation du notaire Courtinier, un des prédécesseurs de M⁰ Aubergé.

Depuis quatre jours la paroisse St-Aspais était abandonnée aux vainqueurs, lorsque Henri IV se décida à faire cesser le massacre et le pillage.

Les prisonniers furent amnistiés, mais Claude Leconte, bien connu pour sa fidélité à la *Sainte-Union* et coupable d'avoir organisé la résistance, fut, par ordre du roy, pendu haut et court sur les remparts de la porte St-Jean afin de « servyr d'exemple », terroriser les ligueurs et « assurer leur soumyssion absolue ».

Suivant la coutume du temps, qui voulait que toute ville ayant tiré le canon « contre elle » donna ses cloches aux vainqueurs, le maître de l'artillerie royale, Vincent du Bertrand, mandataire du capitaine général de l'artillerie de France, exigea cette rançon des échevins de la ville.

Deux fabriciens en exercice, Jehan Desnoyers et Charles Dalençon intervinrent et, moyennant « 3oo escus d'or soleil », les cloches restèrent à la fabrique.

L'acte relatif à ce rachat a été passé, en avril 1590, chez M⁰ Violet, notaire, dans l'étude tenue aujourd'hui par M⁰ Pujol.

Après l'exécution de Claude Leconte, Tristan de Rostaing gouverna la ville assisté du sieur de la Grange-le-Roi, ami personnel d'Henri IV.

Le vieil administrateur mourut le 7 mars 1591 et fut enterré dans l'église de Vaux-le-Pénil avec dame Françoise Roberté son épouse

Jacques de la Grange-le-Roy lui succéda comme gouverneur, car Henri IV, qui guerroyait toujours pour conquérir la capitale, ne se souciait pas de confier la direction des affaires municipales aux habitants qu'il avait combattus.

De ce fait, les fonctions de maire passèrent au pouvoir du représentant militaire du premier des Bourbons.

Pendant le siège de Paris, le roi venait de temps en temps à Melun chez son ami « La Grange » qui le recevait en son hôtel, dans l'île St-Etienne, à l'extrémité du Pont-aux-Fruits.

On voit encore aujourd'hui cette maison du côté du petit bras de la Seine, derrière le magasin d'épicerie de M. Vigneron, sur le quai de la Courtille.

Il reste deux fenêtres du temps avec croisillons de pierre, frontons pinacles, feuillages et autres sculptures.

Lorsque le roi put enfin entrer dans Paris, après avoir adjuré le protestantisme, le calme se rétablit. Le gouverneur, tout en surveillant les anciens ligueurs, faisait tous ses efforts pour faire oublier aux melunais les mauvais souvenirs du siège : les incendies et les cruautés des soldats huguenots.

A proximité de la capitale, protégée par la rivière, Melun devint une ville militaire.

Un ingénieur nommé Bachot, plus connu sous le nom du capitaine Ambroise, y fut envoyé par le roy pour réparer et faire de nouvelles fortifications.

Toutes les maisons qui étaient en dehors de la ville furent brûlées, on éleva des bastions avancés, ou éperons, en tête des portes St-Jean, des Carmes, de Paris et de Bierre.

A cette époque, Melun était enfermée dans une enceinte fortifiée, les trois quartiers formaient trois villes.

Ainsi la muraille des fortifications du quartier St-Aspais partait de la Seine le long du boulevard Gambetta. Auprès du fleuve, il y avait une tour que l'on appelait la tour de « Messire Pasquier », en suivant l'enceinte on arrivait à la porte St-Jean ; la boulangerie Leprince a été construite sur son emplacement.

Les fortifications se continuaient dans la rue de l'Eperon et tournaient au milieu du jardin de l'hôtel de ville.

Dans la rue du Palais-de-Justice, en face la maison de MM. Chambon et Charruel, marchands de vins en gros, s'élevait la porte des Carmes, puis le mur suivait dans les rues Duguesclin et des Fossés,

gagnant la porte de Paris ; de là, il traversait l'emplacement où se trouve actuellement l'hôtel du *Grand-Monarque*
pour rejoindre, en biaisant, les rues de
Boissettes et Vaugrain au bout de laquelle
on voyait la tour des « Pieux » qui faisait
pendant à celle de « Messire Pasquier ».

L'île St-Etienne était également entou-
rée de murailles.

St-Ambroise avait aussi ses fortifications
particulières. Elles partaient de la tour
« Guindard », qui se trouvait au bord de la
Seine entre le mur de la caserne de cavalerie et l'usine de la compagnie des eaux,
suivaient en droite ligne pour arriver à la
porte de Bierre, qui s'élevait au coin de
la rue St-Ambroise et du Pré-Chamblain.
Elles longeaient le boulevard St-Ambroise et elles aboutissaient à la grosse
tour « Mauger ». dont les fondations bai-
gnaient dans la rivière, en face la maison
de M. Caget, banquier.

Voilà comment était Melun en 1594.

Nous avons tenu à en expliquer la topographie pour qu'en lisant ce qui va suivre le lecteur puisse se rendre bien compte des transformations successives de la cité durant les trois derniers siècles !

Les travaux de réparations aux murailles, des nouvelles fortifications et de la *citadelle* élevée près de la porte de Bierre se poursuivaient avec activité sous les ordres du capitaine Ambroise.

Tous ces travaux coûtaient énormément d'argent, s'il faut en croire le roi qui dut sa popularité à sa galanterie et à la jovialité de son cractère.

« La marchadise la plus chère de mon royaume, disait-il, ce sont les éperons ; La Grange m'en a vendu deux à Melun pour 5o,ooo livres. »

Il est à remarquer que, bien qu'elle ait toujours été pacifique, la ville de Melun a souvent eu des charges pour les questions militaires.

Il y a trois cents ans, le ministère de la

guerre dépensait 5 à 600,000 francs pour les fortifications ; en 1894, il décrétait la même somme pour les casernements.

On a bien raison de dire que « l'histoire se répète »

La prospérité revint un peu dans la cité; le gouverneur La Grange fit faire de grands embellissements dans son hôtel de l'île Saint-Étienne, il dota la ville de fontaines alimentées par les sources de Saint-Liesne, il créa les transports par bâteaux, coches et allèges, entre Paris et Melun.

En 1597, au mois d'août, le roi autorisa les sieurs Jacques et Vincent Sarrode frères et Horace Ponté, leur neveu, à établir une manufacture de verrerie dans le quartier Saint-Ambroise

Les frères Sarrode ne profitèrent pas de ce privilège; ce ne fut que plus tard, vers 1787, qu'elle a été fondée par le sieur Charlot.

En 1825, par suite d'un défaut d'entente avec la municipalité, au sujet des droits d'octroi, la verrerie a été transférée à

Choisy-le-Roi, au grand regret des commerçants, car elle occupait de nombreux
ouvriers.

Le magasin à fourrages et la manuten-
tion militaire ont été installés dans les
bâtiments de l'ancienne verrerie, où ils
sont encore.

Lorsque, sous le règne de Louis-Phi-
ıppe, on construisit les quais de la ville
le Melun, on donna le nom de *quai de la
Verrerie* à la jolie voie qui n'a pas été
débaptisée depuis.

En 1598, le curé et les paroissiens de
St-Barthélemy obtinrent l'autorisation du
gouverneur de reconstruire l'église et le
presbytère qui avaient été démolis par
ordre de l'ingénieur Bachot.

Les travaux traînèrent en longueur, car
l'argent manquait, et ne furent terminés
qu'en 1688.

Sur son emplacement a été élevé l'hôtel
de la préfecture.

XVII siècle

Avec le nouveau siècle, Melun avait repris sa vie calme et tranquille de bonne ville de province.

Les ouvriers qui exécutaient les travaux procuraient des ressources au commerce local.

Henri IV avait mis bon ordre aux exploits des bandes armées et des ravageurs qui terrorisaient les environs.

Les melunais se levaient à l'aurore et se couchaient quand les portes de la ville étaient fermées, après le couvre-feu.

Tout était pour le mieux.

Le 2 juillet 1606, le roi vint solennellement à Melun pour poser la première pierre de la chapelle des Capucins, à l'extrémité du faubourg des Carmes, en présence du clergé, du bailli, du lieutenant-général, des avocats au baillage, du gouverneur et des officiers municipaux.

Quand on édifia le collège, sur l'emplacement de l'ancien couvent, on retrouva une pierre et une plaque de cuivre sur lesquelles la visite royale était mentionnée.

Elles sont conservées au musée de la Ville.

Si le roi Henri IV désirait que ses sujets mangeassent la *poule au pot* tous les dimanches, il ne se gênait pas pour les pressurer d'impôts de toute nature.

A court d'argent, assez prodigue avec les femmes, le *Vert-Galant* donnaient des ordres aux gouverneurs des villes pour lever des contributions suivant le nombre d'habitants et les ressources des populations.

C'est ainsi que le 14 août 1609 une sentence du Conseil d'Etat du roi enjoignit au fermier du domaine de Melun, d'exiger un droit de 4 deniers parisis sur « les filles accouchées hors mariage ».

Cette perception étant très difficile à appliquer, l'impôt fut abandonné.

Le 14 mai 1610, deux courriers arrivant

de Paris, vinrent annoncer la nouvelle de l'assassinat du roi par Ravaillac.

Malgré les guerres qui avaient été fatales à la cité, le monarque avait donné tant de marques de sympathies, que les melunais oubliaient leurs rancunes.

Sa mort fut un deuil public ; le gouverneur, les officiers municipaux et les magistrats se rendirent, le 10 juin suivant, en la collégiale de Notre-Dame pour assister à la célébration d'un service divin.

Ce fut la ville qui en supporta les frais.

Voici, d'après des papiers conservés au greffe des archives de Seine-et-Marne, en quoi consistaient les dépenses qui ont été faites pour cette cérémonie : 4 douzaines de torches, 4 douzaines de cierges du poids d'une livre chaque, des tentures de drap noir, des armoiries royales qui décoraient le portail et l'intérieur de l'église.

Un impôt de 5 sols par muid de vin entrant dans la ville et les faubourgs, fut perçu pendant les quatre jours de la foire de la Saint-Martin afin de solder ces dépenses.

Le gouverneur La Grange mourut dans la dernière quinzaine de juin, suivant de près dans la tombe le roi qui l'avait installé dans la ville de Melun après le siège de 1590.

Son fils François le remplaça.

Louis XIII fut nommé roi de France et de Navarre, et Marie de Médicis, sa mère, eut la régence du royaume.

Sully, le ministre populaire, fut remplacé par l'italien Concini qui reçut le nom de maréchal d'Ancre bien que n'ayant jamais été militaire.

Les intrigues de la Cour étaient telles que les prérogatives furent retirées aux gouverneurs des villes suspects de ne pas être du parti du maréchal d'Ancre. C'est ainsi que le Conseil d'Etat rendit un arrêt ordonnant que le maire et les échevins de Melun seraient nommés à l'élection, mais que les assemblées relatives aux affaires de la commune seraient présidées par le bailly et le lieutenant-général.

Dans ces conditions, le pouvoir municipal, tout en n'ayant pas l'autonomie qu'il avait au xvie siècle, reprenait un peu d'autorité.

On procéda à l'élection et le sieur Estienne Piloust fut élu maire en 1612.

Peu de temps après son installation, il reçut l'ordre du Conseil de la régence « de faire bonne garde et de ne permettre à aucune troupe soit grande ou petite, de cheval ou de pied, d'entrer ou de passer dans nostre ville, sy elles ne font pas apparoir de nos commandements exprez par lettres ou closes du passeport de nous. »

Cet ordre avait été envoyé parce que des bandes franches parcouraient les campagnes, et réquisitionnaient au grand effroi des paysans.

En 1614, un avocat du roi, Jacques Cochon, devint maire en remplacement d'Estienne Piloust.

Les protestants s'agitaient dans les provinces à la voix de Condé, les craintes de la Cour étaient vives et les melunais tremblaient en se demandant si les guerres de religion n'allaient pas recommencer comme vingt années auparavant.

Les parisiens, qui prenaient ombrage des villes fortifiées aux environs de la capitale, demandèrent la destruction des places fortes.

Le roi, voulant leur donner satisfaction, envoya l'ordre au gouverneur et à Jehan le Métayer, sieur du Port, commissaire de l'artillerie royale, de démolir la citadelle construite près de la porte de Bierre par le capitaine Ambroise.

« Ayant pour plusieurs bonnes considérations ordonné que la citadelle de nostre ville de Melun sera entièrement démolie, en sorte qu'elle ne puisse auculnement nuire ni préjudicier à nostre dicte ville de Paris. »

Pendant la gestion de Jacques Cochon, Barbin, un ancien procureur du roi, à Melun, fut nommé contrôleur général du Trésor.

Il était intendant des fermes de Marie

de Médicis quand, en 1616 il entra au ministère des finances.

Son crédit fut à son comble, tous ses parents et ses amis de Melun gravitaient autour de ce grand dispensateur de places et de grâces.

Le maire profita de tant de bienveillance pour obtenir plus de prérogatives, ce qui fut très facile au ministre, car le nouveau gouverneur, François La Grange, était incapable et impopulaire dans Melun.

L'influence de Barbin fut de courte durée ; le jour de l'assassinat de Concini, le 25 avril 1617, il faillit être lui-même poignardé.

Arrêté et conduit à la Bastille, on le transféra à Fort-l'Evêque où il mourut.

La disgrâce de l'ancien procureur melunais fut bien regrettée, car on s'était habitué à recourir à sa protection toute puissante.

Quand il tomba, il y eu beaucoup de projets détruits et des déceptions dans la bourgeoisie locale.

Le 23 mars 1620, Jacques Cochon entouré de ses échevins présenta les clefs de la ville à Louis XIII qui traversait Melun pour se rendre à Fontainebleau.

Les autorités municipales étaient réunies à la porte des Carmes et quand le roi parut, arrivant de Lésigny d'où il venait de chasser « l'oiseau » en compagnie du duc de Luynes, il n'y eut pas un grand enthousiasme ; les melunais gardaient rancune au monarque qui avait laissé assassiner le maréchal d'Ancre par Vitry, brisant ainsi l'influence de Barbin.

Le 31 janvier 1624, un arrêt du Conseil du roy fut porté à Melun pour la reconstruction du Châtelet qui avait été incendié en 1590.

Depuis ce temps les « arrêts de justice » se rendaient dans un local situé près de l'église Saint-Sauveur ; l'édit portait que « les dépenses nécessaires pour cette construction seraient prélevées sur la moitié des deniers à provenir de l'entrée accordée à la ville, sur les vins passant à Montereau ».

En 1626, Pierre Lefebure, avocat au baillage de Melun, se trouve à la tête de la municipalité pendant que la peste sévit encore une fois dans la malheureuse cité melunaise.

Une question commerciale très grave, qui est encore en litige dans Melun, eut lieu en mai 1626.

Paris, comme de nos jours, envoyait des marchandises et des pourvoyeurs sur les marchés de la localité. Cette concurrence souleva des réclamations de la part des commerçants.

Les officiers municipaux en déférèrent au grand prévôt de France qui accueillit favorablement leur réclamation.

Les marchés de la ville furent interdits aux marchands étrangers.

Les parisiens ne s'en tinrent pas là et réclamèrent à leur tour au nom de la liberté commerciale.

Ne sachant à quel parti entendre, le roi ordonna que le commerce se ferait dans Melun comme au préalable.

En 1627, Ambroise Rousseau devint maire en remplacement de Pierre Lefebure.

La peste était pour ainsi dire permanente dans les bas quartiers de Melun.

Les rues voisines de la Seine, dont les eaux n'étaient pas maintenues par des quais, étaient de véritables cloaques où les épidémies faisaient d'épouvantables ravages.

Ce lieu, occupé maintenant par les rues au Lin, Vaugrain et du Presbytère, était surnommé le *Trou-de-Chiau;* ce nom lui avait été donné parce que des carrières de pierres à chaux s'y trouvaient en exploitation.

La réputation des chaux de Melun a été très étendue; sous Louis XIV il y avait près de 80 fourneaux, constamment en feu, établis entre le Méc et Melun. C'est en souvenir de cette industrie disparue à la fin du siècle dernier que l'on a dénommé *le quai des Fourneaux* la promenade qui longe la Seine depuis l'octroi de Melun jusqu'au pont du chemin de fer.

Les principaux monuments élevés à

Paris pendant le règne de Louis XIV : les Invalides, le Val-de-Grâce, Notre-Dame-des-Victoires, etc., ont été construits avec la chaux provenant de ces fours.

Pendant la peste, des secours actifs étaient organisés sous la direction des officiers de l'hôtel de ville.

Quarante-quatre maisons, dont les habitants étaient atteints du fléau, durent être évacuées, fermées et « cadenassées ».

Défense était faite aux gens, dont la santé paraissait suspecte, d'entrer en ville ; les portes furent soigneusement gardées jusqu'en 1628, époque où l'épidémie cessa.

La ville avait dépensé en secours plus de 8,400 livres.

En novembre 1628, il y eut une grande fête dans Melun pour célébrer le départ de la flotte anglaise des eaux de la Rochelle.

Le siège de cette ville durait depuis onze mois quand Richelieu, qui gouvernait la France, songea à mettre à contribution les villes du royaume pour subvenir aux frais de guerre.

Un mandement royal avait enjoint au maire, Ambroise Rousseau, de payer 1,225 livres pour la fourniture de « 50 paires d'habits » afin de vêtir les soldats qui combattaient à la Rochelle.

La fin du siège empêcha le prélèvement de cet impôt; on conçoit la joie des Melunais qui fêtaient et la victoire de nos troupes et... l'argent qui restait dans leurs poches.

On chanta un *Te Deum* dans l'église St-Aspais et des feux de joie furent allumés aux carrefours de la ville.

François Lagrange, gouverneur de Melun, mourut devant la Rochelle le 1er août 1628.

Par lettre du 16 septembre suivant. son fils aîné, Jacques Le Roy, sieur de Montigny, fut nommé, quoique bien jeune encore, en remplacement de son père.

Le 9 juin 1629, la reine-mère écrivit aux magistrats du présidial de Melun, afin de favoriser dans la ville l'établissement des religieuses de la Madeleine qui ne se trouvaient pas suffisamment protégées dans le couvent qu'elles habitaient à Trainel, en Champagne.

Les Bénédictines du Trainel achetèrent l'ancien hôtel des Cens qui se trouvait dans la rue aux Oignons (de l'Hôtel-de-Ville).

Construite sous Louis XII, cette ancienne habitation devait être, en 1848, l'hôtel de ville actuel.

La maison appartenait à un arrière petit-neveu de Jacques Amyot, un nommé Pierre Regnault ; le contrat fut passé, le 17 décembre 1629, devant Me Courtinier, notaire, un des prédécesseurs de Me Aubergé.

N'étant pas plus en sûreté à Melun qu'en Champagne, les religieuses se retirèrent à Paris en 1652.

Melun était dans une période de calme ; on reconstruisait les édifices qui avaient été démolis et ruinés sous la ligue : l'hôtel des Saints-Pères (préfecture), le couvent

des Carmes (collège), l'église St-Barthélemy, le Châtelet.

En 1632, c'est le sieur Jehan Chartier
qui est à la tète de la municipalité.

Pour toute ressource, la ville avait une
somme de 4,000 livres que le gouvernement lui allouait pour l'entretien des murailles, des fontaines publiques et autres
dépenses municipales.

Cette allocation était donnée en compensation de l'abolition de l'entrée sur les
vins qui était perçue directement par la
gabelle royale.

Jacques Riotte, lieutenant général du
Châtelet, est nommé maire de Melun en
1635.

Une des principales questions qui ont
existé pendant les quatre années qu'il administra la ville fut celle du logement des
troupes chez les particuliers.

Le roi Louis XIII allait souvent passer
quelques mois au château de Fontainebleau. Pour soulager les contribuables de
cette ville, le fils d'Henri IV n'avait rien

trouvé de mieux que de faire tenir garnison à son escorte dans la ville Melun pendant les séjours de la cour au Château.

Les habitants de notre cité étaient tenus de « loger et nourrir » les soldats du roi.

Tous les deux jours, une compagnie partait de la place du Martroy (rue Carnot) pour aller prendre la garde au château de Fontainebleau.

C'était un spectacle très attrayant pour les melunais de voir défiler ces grands gaillards, dans leurs brillants uniformes, au son des fifres et des tambours.

Bien souvent, les moutards les accompagnaient fort loin dans la forêt, entraînés par la marche militaire, sans réfléchir aux « taloches » dont leurs parents pouvaient les gratifier en rentrant.

Mais s'ils étaient un régal pour les yeux, les gardes-françaises étaient loin de plaire aux contribuables.

Les habitants ne tardèrent pas à se plaindre de cette nouvelle charge imposée par les « gens de guerre ».

Le maire s'en plaignit au roi lui-même

quand il vint entendre la messe dans l'église Notre-Dame, le 18 juin 1636.

Louis XIII écouta la requête de Jacques Riotte; et, à titre de compensation, lui donna, dix-huit mois plus tard, une lettre de cachet afin d'exempter la ville de Melun de toute autre réception des « gens de guerre ».

Voici la teneur de cette lettre qui se trouve aux archives dans les registres des *Causes du Roi.*

DE PAR LE ROY :

Chers et bien amés, étant adverti que quelques compagnies de chevau-légers prétendent d'aller loger dans nostre ville de Melun et nostre intention estant de vous exempter de tout autre logement que celui que vous avez du régiment de nos gardes lorsque nos sommes à Fontainebleau, nous avons bien voulu vous faire cette lettre, que s'il se présente à vostre ville quelques compagnies de cavalerie ou autres troupes avec nos ordres ou autres, nous voulons et entendons que vous les receviez point, attendu que ces ordres ne peuvent avoir été obtenus que par surprise.

Donné à Fontainbleau, le 14 janvier 1639.

LOUYS.

Cette faveur temporaire dura à peine trois ans, au grand « mécontentement des gens de la cité ».

A cette époque, une légende était en cours.dans la contrée.

Les superstitieux prétendaient que les femmes stériles n'avaient qu'à faire un pélérinage à Féricy. petite commune dépendant du baillage de Melun, et, qu'après avoir bu l'eau de la source Sainte-Osmanne, elles étaient assurées d'avoir un enfant.

Etant à Fontainebleau, en 1637, la reine entendit parler des vertus de l'eau de Féricy ;. comme elle était désolée de son infécondité, elle résolut de tenter l'épreuve.

Une neuvaine fut faite dans l'église du pays, Anne d'Autriche but l'eau de Sainte-Osmanne et, soit que l'eau fut, en effet, prodigieuse, soit qu'une réaction se produisit dans l'organisme de la femme de Louis XIII, le 5 septembre 1638, elle donnait le jour à un fils qui devait être Louis XIV.

Melun célébra la délivrance de la reine

par un *Te Deum* et une procession dans laquelle figuraient les magistrats municipaux.

Jacques Riotte, le maire, donna le signal des réjouissances populaires en allumant un feu de joie sur le parvis de St-Aspais.

L'élection du maire était supprimée depuis longtemps, mais comme il y avait une espèce de dérogeance de la part du gouverneur, fringant officier et grand seigneur, à s'occuper des affaires multiples de l'administration de la ville, on décida que les habitants nommeraient des délégués qui eux-mêmes élieraient leur maire sous le bon plaisir de M. le gouverneur qui se réservait le droit d'annuler l'élection si le choix ne lui plaisait pas.

Tous les ans, les délégués des paroisses se réunissaient dans la salle du Châtelet.

Mais ces réunions ne se passaient pas sans orages; les électeurs, partisans de leurs candidats, s'invectivaient, s'injuriaient et quelquefois de violents pugilats venaient compléter le défaut d'arguments.

En 1639, l'élection de M. Luc de la Planche donna lieu à des désordres inouïs ; ses ennemis protestèrent par un pamphlet adressé au gouverneur ; cette lettre, d'une extrême rigueur, avait pour titre :

« *Très-humble et très-véritable remonstrance* « *faicte à* M. *La Grange, sur l'élection du Maire* « *de Melun, dit de La Planche.* »

La protestation disait que « c'était une honte d'avoir un traître qui n'a brigué sa charge que pour s'enrichir des biens des habitants ». Plus loin, le nouveau maire est traité de faussaire, pillard, meurtrier « qu'il s'est fait nommer pour se venger de ceux qu'il s'est rendu inconciliables par ses crimes ».

Ces luttes, ces discussions, nous permettent de constater la passion de nos ancêtres et l'extrême indifférence de la population actuelle pour le choix des candidats municipaux.

Mais, comme de nos jours, il y avait des sectaires haineux et pleins de fiel qui excitaient les paisibles citoyens les uns contre les autres, créant des antipathies éternelles.

Tristes fruits des passions politiques!..

Le 24 mai 1643, Louis XIII mourait, suivant de près dans la tombe son premier ministre Richelieu.

Anne d'Autriche fut nommée régente du royaume pendant la minorité de Louis XIV proclamé roi à cinq ans.

Les gaspillages de la Cour forcèrent Mazarin, le premier ministre, à lever de nouveaux impôts.

Le 3 juillet 1643, on nomma, gouverneur de la ville, François-Louis Arbaleste, seigneur de la Borde-d'Eprunes, vicomte, en partie, de Melun ; il arriva précédé d'une réputation de brutal et d'autoritaire.

A la suite de la révolution qui éclata contre Mazarin, le 26 août 1648, la ville bien que fidèle au gouvernement, prit parti contre lui pour faire opposition au nouveau gouverneur.

De graves conflits eurent lieu, dans les séances de la salle du Châtelet, entre le lieutenant-général, le maire et le sieur Arbaleste.

A la suite de ces incidents, un réglement particulier enleva la plupart des droits au maire de Melun. le sieur Jacques Garnot, qui, en 1648, remplaçait Luc de La Planche.

Condé, qui était à la tête des frondeurs, venait de prendre la ville de Corbeil ; il croyait pouvoir s'emparer de Melun qu'il savait un peu portée à sa cause, mais, par un revirement inexplicable, ses soldats furent battus et chassés des portes de la ville.

En apprenant cette défense, Mazarin, qui tenait à se ménager le plus de villes possible, fit écrire par le jeune roi là lettre suivante :

De par le Roy :

-Chers et bien amez, nous avons reçu avec grand contentement les témoignages que vous nous avez rendus de votre fidélité pour le refus que vous avez faict d'ouvrir vos portes aux troupes de Paris qui se sont présentées pour -entrer en vostre ville de Melun, et que par cet acte d'obéissance dans les présents mouvements, vous nous avez faict paroistre que vous demeu-

rez inviolables en l'observation de nos ordres,
c'est ce qui nous oblige à vous faire cette lettre,
de l'advis de la reine auguste nostre très hono-
rée dame et mère, pour vous témoigner l'entière
satifaction que nous avons et vous asseurer que
nous recognoistrons cette fidélité par les dé
charges que nous ferons en faveur de vostre
dicte ville, le plus tôt que nous pourrons et
qu'en toutes rencontres vous nos trouverez toujours disposé à vous donner en général et en particulier des marques de nostre bienveillance,
dans la créance que nous avons que vous con-
tinuerez dans les bons sentiments où êtes pour
le bien de nostre service.

Donné à St-Germain-en-Laye, le 2me jour de
mars 1649.

> Louis.

« A nos chers et bien amez les maires et eschevins, corps de ville officiers de Melun.

(Archives de Seine-et-Marne).

Ces belles promesses du roi n'ont pas
été tenues, au contraire, la ville eut à sup-
porter le passage et le séjour des « gens
de guerre » du prince de Condé, réconci-
lié avec la cour.

Un régiment de la reine étant de passage à Melun, le maire Jacques Garnot

leur refusa l'entrée de la ville ; les soldats
logèrent dans Saint-Liesne où ils commirent pas mal de désordres. Les officiers
de l'élection furent obligés d'avancer
1,380 livres afin de payer les dégâts qu'ils
avaient fait dans ce faubourg.

Lorsqu'au mois de novembre suivant,
les habitants, réunis, par convocation,
dans la salle du Châtelet, discutèrent le
remboursement de cette somme, la séance
fut excessivement orageuse ; on reprocha violemment au maire d'avoir empêché l'entrée des troupes du régiment de la
reine.

A cette époque, c'était, dans la ville, un
passage continuel de troupes; de plus, le
ministre Le Tellier ordonnait que Melun
devrait payer 2,000 livres pour les « gens
de guerre ».

Ecrasés par ces charges, une députation
de melunais se rendit à St-Germain, auprès de la régente, pour obtenir exemption des « gens de guerre » en rappelant
les promesses insérées dans la lettre du
roi datée du 2 mars dernier.

Les délégués revinrent sans aucune décision

Mécontents de toutes ses charges, subissant l'influence de Paris et détestant de plus en plus le gouverneur, les habitants prirent le parti du Parlement tandis que le gouverneur était avec la cour.

Chacun avait ses partisans, si bien que la ville était divisée et, de cette divergence d'opinions des conflits devaient surgir.

Un événement qui provoqua une grande émotion dans la ville eut lieu en juin 1649.

Dans la cour du château de la vicomté, situé dans l'île St-Etienne — nous l'avons dit plus haut — un nommé Jacques Boulanger, caporal de la milice, habitant de St-Ambroise, ne se gêna pas pour protester contre les ordres du gouverneur ordres qui consistaient à laisser entrer dans Melun deux compagnies du régiment de Persan.

Arbaleste, furieux de cette critique et surtout exaspéré par la logique du caporal, tira son épée et assassina le milicien

en criant : « Voilà comme j'accommode
ceux qui font les gaillards !... » Après
cet acte de sauvagerie, il commanda aux
hommes de jeter le cadavre dans la Seine,
mais les soldats terrifiés se bornèrent à
le déposer dans une chambre du château.

A la suite de ce meurtre, le gouverneur
dut quitter la ville, les habitants l'ayant
menacé de le « lapider » s'il sortait de la
vicomté.

François de Rostaing fut nommé gouverneur le 9 septembre 1650 et prit possession du château le 24 dudit mois.

En même temps. Jean Deffitat, conseiller, était élu maire de Melun.

L'autorité du gouverneur n'étant pas
reconnue par les habitants, il dut céder
devant une manifestation de ceux-ci.

C'était le 3 octobre, François de Rostaing
accompagné du maire, des eschevins et
de quelques sergents de la Ville, s'était
rendu à la porte des Carmes pour recevoir une compagnie de chevau-légers de
S. A. R. qui devait tenir garnison à Melun.

La population, exaspérée, refusa carrément de les recevoir ; des coups de fusils furent tirés et M. de Rostaing menacé lui-même, se retira dans la maison du sieur Allegrin, lieutenant général du baillage.

En présence d'une telle antipathie, le nouveau gouverneur se désista de ses fonctions.

On réintégra François d'Arbaleste qui écrivit, le 10 mars 1651, aux officiers de la municipalité, une lettre, dans laquelle il souhaitait « de faire oublier le meurtre du caporal et de vivre « avec amour » dans la ville de Melun ». Il terminait en disant :

Comme vous êtes les plus équitables, j'espère que vous affectionnerez mes intentions et me rendrez cette justice, en cas de quelque nouvelle mésintelligence, de faire sçavoir à tout le monde que j'ai faict et désire faire au-delà de ce que je suis obligé pour vivre dans une concorde telle qu'il faut pour ne jamais cesser d'être, messieurs, votre très humble et très affectionné serviteur,

DE MELUN.

La paix était faite entre le sieur Arbaleste et les melunais.

Il y eut un moment de trêve, mais Condé qui, fier et hautain, n'avait pu s'entendre ni avec la cour ni avec le Parlement, s'était mis à la tête des rebelles, luttant contre Turenne que Mazarin, après son exil à Cologne, avait réussi à amener à la cause royale.

Les deux armées avaient pris contact à Bleneau, près d'Etampes, et cherchaient à marcher sur la capitale.

La ville de Melun était dans l'anxiété, on se colportait les excès commis par les soldats.

Sollicités par les deux partis, les frondeurs et les royalistes, les habitants étaient très perplexes.

Deux commissaires du gouvernement, les sieurs Geniers et Bitault, vinrent à Melun pour notifier aux maire et eschevins l'arrêt de la cour, enjoignant à tous les Français de combattre Condé à outrance.

Les officiers municipaux promirent de s'y conformer.

Cependant, malgré tous ses efforts, le

sieur Arbaleste ne pouvait faire oublier
le meurtre du caporal de la milice ; les
mécontents firent, un jour, irruption dans
l'hôtel du gouverneur, ils s'emparèrent
d'une pièce de campagne et plusieurs
mortiers furent jetés dans la Seine ;
leur but était de venger le caporal Jacques Boulanger, d'abord, ensuite de mettre le gouverneur dans l'impossibilité de
servir des bouches à feu aux royalistes.

Des désordres graves avaient lieu, le
maire Deffitat, très écouté et très aimé
dans la ville, finit par concilier les récalcitrants en faisant conduire l'artillerie en-
levée au château dans le Châtelet qui venait d'être reconstruit ; déjà plusieurs fau-
connaux y étaient en réserve.

Le 16 avril, le gouverneur ordonna de
réparer les remparts, car on avait appris
que les frondeurs avançaient à marches
forcées sur la capitale.

Le maire déclara qu'il n'y avait pas
d'argent pour faire ces travaux et que c'é-
tait au roi à acquitter les 6,000 livres de
dépenses avec sa part dans les recettes

des gabelles, la ville n'ayant pas de deniers patrimoniaux ni d'octroi.

Le roi, qui résidait à St-Germain pendant que le duc d'Orléans et le prince de Condé étaient dans Paris à la tête des frondeurs, ne se trouvant pas en sûreté si près de la capitale, vint, avec la reinemère et le cardinal de Mazarin, s'installer à Melun ; la cour était suivie d'une bande de mendiants et de gens sans aveu qui lui faisait un triste cortège.

Le lieutenant-général harangua le jeune monarque au moment où il passait sous le portail du Châtelet, avant de traverser le pont, pour gagner l'hôtel de la vicomté.

Le maire Deffitat et les conseillers municipaux profitèrent de la présence du Conseil d'Etat pour faire réduire la taille ou l'impôt royal de la ville de Melun.

En considération des souffrances et des pertes subies par les habitants depuis les troubles de la ligue, la taille fut réduite à 8,000 livres pour les années 1652, 1653 et 1654.

Affranchie des gens de guerre, la peste réapparut et frappa encore une fois la pauvre cité melunaise.

La mortalité fut épouvantable, on a compté jusqu'à 8 décès par jour ; 485 personnes, dont 226 enfants, moururent dans la paroisse St-Aspais.

En voyant les ravages du fléau, le roi quitta la ville, le 22 juin, pour se fixer à Lagny.

Saint-Vincent de Paul envoya des missionnaires pour soigner les pestiférés que l'on amenaient à l'Hôtel-Dieu de la rue du Chandé (rue St-Jacques), mais ces malheureux apôtres furent victimes de leur dévouement.

Ce ne fut qu'au mois de septembre, après les chaleurs, que l'état sanitaire s'améliora.

Quand le roi reprit possession de la capitale, Charles Riotte, deuxième du nom, venait d'être nommé maire (1653).

Le pays reprenait un peu de tranquilité ; mais, à Melun, les frondeurs n'avaient pas désarmé, ils n'attendaient qu'une occasion pour reprendre l'offensive.

Leur vengeance s'accomplit en 1654.

Ils incendièrent la maison du lieutenant du baillage, située dans la Neuve ; puis ils poignardèrent le lieutenant-général qui poursuivait sans merci tous ceux qu'il soupçonnait d'être contre la cause royale.

Plusieurs notables furent arrêtés et jugés, quelques-uns ont été pendus sur la place du Martroy.

Le lieutenant-général eut pour successeur un nommé Charlot, homme énergique et sévère qui terrorisa la ville en menaçant de sévir avec une extrême rigueur contre les frondeurs

C'est au commencement de l'année 1654, le 24 janvier, qu'une ordonnance de l'Election prescrivit au greffier de cette juridiction d'intituler les officiers de la ville sous les noms de *maire* et *échevins*, et non de procureurs-syndics, comme il le faisait habituellement.

Pour ranimer le commerce local, le maire et les officiers municipaux sollicitèrent la création d'un marché franc le premier jeudi de chaque mois.

Le roi se rappelant sans doute tout ce que la ville avait souffert pour sa cause eut un mouvement de bienveillance et autorisa cette création en septembre 1655.

Le marché se tenait tout le long de la côte des Carmes.

Pierre Guyard, conseiller du roi au Châtelet, est nommé maire en 1657.

Pendant l'année qu'il s'occupa des affaires de la ville, il favorisa le monastère des religieuses de la Visitation Sainte-Marie, qui avaient leur chapelle dans la rue de Samois, aujourd'hui rue des Casernes et St-Michel, en leur concédant la tour des Guindart « à charge pour eux de « restaurer les parapets du mur de la « ville qui tombait en ruine et l'escalier « proche de la poterne St-Michel ».

Le maire Pierre Guyard était un homme pacifique ce qui ne faisait pas l'affaire du gouverneur, le marquis Dannemoux, qui

avait été installé à Melun par, le roi, le 18
mai 1655.

Devant le parti menaçant des frondeurs
melunais, il révoqua Pierre Guyard au
commencement de l'année 1658 et Antoine Charlot, lieutenant-général, prit
en main la direction des affaires de la
ville.

Charlot était un ami personnel de l'ancien gouverneur, François d'Arbaleste, le
meurtrier du caporal Boulanger ; il n'était
pas aimé dans la ville et le savait; alors,
pour se venger de l'antipathie qu'il inspi-
rait à ses administrés, il les persécutait
odieusement.

Son pouvoir autoritaire fut de courte
durée ; le 27 juillet, les habitants de St-
Aspais se réunirent et se dirigèrent en
corps pour aller demander la révocation
du maire auprès du gouverneur qui,
devant ce mouvement populaire, s'était
prudemment barricadé, avec sa garde,
dans l'hôtel de la vicomté.

La foule, qui s'exaltait de plus en plus,
descendait la Grande-Rue (rue Saint-Aspais) en criant et protestant contre le maire

persécuteur. Arrivée devant le Châtelet, Charlot, qui avait gardé ses fonctions de lieutenant général, se présenta à la foule.

En apercevant leur oppresseur, les frondeurs lui adressèrent des injures ; mais Charlot, qui avait fait placer des gardes de la milice sous le portail, se croyant en sûreté, exaspéra la foule en la menaçant davantage.

Mal lui en pris, car les miliciens firent cause commune avec les protestataires.

Se sentant perdu, Antoine Charlot voulut fuir ; il descendit le long de la Seine pour regagner l'hôtel de ville, situé au bout de la rue Neuve, où il espérait trouver un appui auprès des eschevins. Il courait dans cette direction, quand une pierre l'atteignit à la tête et il tomba.

— A mort ! à mort ! criait la foule, qui le poursuivait pour le lynché, lorsqu'il fut rejoint il reçut un coup de poignard en plein cœur.

A ce moment, la garde du gouverneur accourait pour secourir le maire, mais la foule se dispersa, abandonnant sur la berge le cadavre du despote victime du sédition populaire.

Le gouverneur fit transporter le corps à la mairie et, le lendemain, les « gens de robe » suivaient en procession le convoi du lieutenant-général.

Le clergé de la paroisse donna l'absoute puis, après un discours du gouverneur retraçant le dévouement de Charlot à Sa Majesté le roi, il fut inhumé dans l'église St-Aspais.

Après l'assassinat d'Antoine Charlot, l'autorité royale, qui venait de vaincre les frondeurs et peu soucieuse de susciter de nouvelles révoltes dans les places fortes des environs de Paris, ferma presque les yeux sur le crime et le gouvernement, malgré son despotisme, ne poursuivit pas l'enquête sur l'attentat.

Claude Lefèvre succéda, comme maire de Melun, à l'ancien lieutenant-général, en 1658.

Le nouveau titulaire, lieutenant de la Prévôté, résidait depuis longtemps dans la ville où il était estimé pour le tact qu'il apportait dans ses délicates fonctions.

Le château des rois du moyen-âge, situé au bout de l'île St-Etienne, tombait en ruine; le Conseil d'Etat publia un édit, le 16 juillet 1660, portant qu'une somme de 40,000 livres serait imposée sur la généralité de Paris afin de faire les réparations nécessaires « au Château, le Châtelet, la maison de Santé, les tours et les fontaines publiques de la ville de Melun ».

Le 17 août 1661, les melunais furent éblouis par le passage de la cour fastueuse du roi Louis XIV qui, venant de Fontainebleau, se rendait à la fête de Vaux-le-Vicomte que Fouquet, surintendant des finances, offrait à Sa Majesté dans son château qu'il venait de faire construire dans la paroisse de Vaux-le-Vicomte et les hameaux de Jumeaux et de Maison-Rouge.

La réception fut splendide, mais le roi, en voyant les prodigalités du ministre des finances et surtout jaloux de la cour assidue que Fouquet faisait à Mlle de Lavallière, qu'il aimait, quitta brusquement la fête et, le 5 septembre suivant, faisait arrêter le surintendant, à Nantes, en l'accusant de concussion.

Disons, puisque nous parlons de ce château rendu célèbre par la platantion de la fameuse allée d'arbres en une nuit, qu'il fût mis sous séquestre, avec ses dépendances, pendant la durée du procès de Fouquet.

Le tout fut restitué à sa femme, Marie-Madeleine de Castille, qui le donna à son fils, Nicolas Fouquet, pour le reprendre à la mort de celui-ci survenue en 1701.

Elle vendit le domaine de Vaux-le-Vicomte au maréchal Villars, le 29 août 1705.

Le château resta la propriété de la famille Villars jusqu'au 27 août 1764, époque à laquelle Antonin-Honoré, fils du maréchal, le vendit à son tour à César-Gabriel de Choiseul, duc de Praslin, ministre d'Etat du roi Louis XV.

La famille Praslin le conserva jusqu'en 1874 et le céda à M. Sommier, le proprié-

taire actuel, pour le prix de 2 millions
275 mille francs.

Ajoutons que 12 millions ont été dé-
pensés pour sa restauration et son embellissement.

Le 1ᵉʳ novembre 1661, le maire fit annoncer, par des hérauts d'armes, que la
reine venait de donner naissance à un fils,
le dauphin, dans le château de Fontainebleau ; il enjoignait aux habitants d'illu-
miner leurs maisons pour fêter l'heureuse délivrance de Marie-Thérèse sous
peine de 24 livres parisis d'amende contre les récalcitrants.

Malgré la misère et l'autocratie de cet
ordre, l'enthousiasme fut très grand dans
la cité melunaise.

En 1668, les soldats qui venaient de
guerroyer dans le Jura passèrent à Melun et logèrent chez les habitants.

Bien que très heureux de posséder les
conquérants de la Franche-Comté, les
melunais protestèrent contre cette nouvelle charge.

Cette fois, le roi écouta leurs réclamations et ordonna d'indemniser les « cytadins de la bonne ville de Melun » en leur octroyant une somme prélevée sur le Trésor royal.

L'argent fut apporté de Paris par un courrier spécial, qui le remit au maire pour en faire la répartition.

Au bout de deux années, les melunais, qui jouaient de malheur, ne recevant aucune indemnité, résolurent de porter plainte contre Claude Lefèvre.

Après son arrestation, on reconnu qu'il avait dissipé les fonds à lui confiés.

Le maire fut destitué le 11 août 1670 et remplacé par l'honnête Pierre Guyard qui avait déjà occupé l'hôtel de ville, avant l'assassinat de Charlot.

Le 11 septembre suivant, le maire prévaricateur comparaissait devant les juges du présidial de Meaux et était condamné en une indemnité envers le roi et les habitants, et à faire amende honorable.

Voici la teneur du jugement qui a été fidèlement exécuté.

Nous avons déclaré et déclarons Claude Lefèvre suffisamment atteint et convaincu d'avoir
appliqué à son proffit particulier et retenu une
partie des deniers destinez pour le remboursement des Estapes fournies et advancées par les
babitants de la dite ville de Melun aux troupes
qui y ont passé et séjourné, et d'avoir indeuëment proffité sur les ventes et achapts des provisions de fourrages qui estoient dans le magasin establit à cet effet. Pour réparation dequoy
et autres cas mentionnez au procez. Auons condamné et condamnons le dit le Fèvre à compa-
roître en l'audience du Baillage et Présidial de
Melun, et là, déclarer nuë teste et à genous et
à haute et intelligible voix, qu'il a appliqué à
son proffit et retenu partie des dits deniers et
proffité indeuëment sur les dites provisions de
fourrages dont il demande pardon à Dieu, au
Roy et à Iustice : Auons aussi déclaré et déclarons le dit le Fèvre incapable de tenir et exercer aucun office de Iudicature et Charge publique : Ce faisant l'auons destitué et destituons
de la Mairerie du dit Melun, et à luy enjoint de
disposer dans deux ans de ses Charges de Lieu-
tenance de la Préuosté du dit Melun, et de Commissaire Enquesteur et Examinateur ès Iuridic-
tions de la dite Ville ; autrement et à faute
de ce faire dans le dit temps, et iceluy passé,
demeureront les dites Charges uacantes et impé-
trables au profit de Sa Maiesté, et cependant le
dit le Fèvre interdit des fonctions d'icelles :
Auons en outre condamné et condamnons le dit

le Fèvre en cinq cens liures d'intérêts ciuils enuers les demandeurs, en mil liures d'amende
enuers le Roy, et en pareille somme, mille
liures enuers les habitants de la dite ville
laquelle leur sera distribuée en cette manière :
Sçauoir, quatre cens cinquante liures aux habitants de la Paroisse Saint-Ambroise, deux cens
cinquante liures à ceulx de la Paroisse Saint-
Etienne, deux cens liures aux habitants de la
Paroisse Saint-Liesne et cens liures à ceulx de
la Paroisse Saint-Aspais. Et l'y auons encore
condamné le dit le Fèvre à aumosner cent
liures au pain des pauvres prisonniers du dit
Chastelet de Melun et en tous les dépens du
procez.

Le 19 septembre, sur la diligence du
procureur roi au baillage de Meaux, l'arrêt reçut son exécution.

Cet expiation solennelle impressionna
vivement la population melunaise.

Claude Lefèvre vendit sa charge six
mois après et disparut de la ville de Melun.

L'éternelle question du logement des
troupes, qui restaient de longs mois chez
les habitants où elles apportaient la gêne
et l'ennui incessant, était toujours la cause

des conflits entre la population et le pouvoir.

La garnison était une plaie, non seulement pour les pauvres melunais, mais les gardes de Louis XIV émettaient la prétention d'avoir les marchandises meilleur marché que les « cytadins »; naturellement les marchands n'obtempéraient pas à leurs exigences, ce qui occasionnait des disputes et parfois des rixes graves.

C'est pour empêcher de semblables scènes que les commerçants furent réunis pour s'entendre avec le marquis de Brissac, commandant des troupes de la garnison de Melun depuis 1669.

D'un commun accord, on accepta le tarif officiel suivant :

La livre de pain entre bis et blanc, 9 deniers;
La livre de bœuf, mouton et porc, 3 sols;
La pinte de vin (crû du pays), 2 sols 6 deniers;
Le foin, 2 sols la botte pesant 9 à 10 livres;
Le setier d'avoine, 4 livres (mesure de Melun, 21 boisseaux faisant le setier; 2 boisseaux de Melun faisaient les 3 de Paris).
La botte de paille, 15 deniers.

(Papiers du greffe. Archives de S-et-M.)

Pierre Guyard, le nouveau maire, s'employait de son mieux pour gérer les affaires municipales et surtout s'occuper du logement des troupes qui venaient prendre leurs quartiers d'hiver dans la ville.

Cette répartition s'appelait « l'Uztancile », le maire devait déterminer la solde, les vivres à donner aux soldats; c'était une question très délicate dont Pierre Guyard s'acquittait à merveille, car il fallait compter avec les prévilégiés riches, nobles, etc., qui étaient affranchis « des gens de guerre », injustice criante de la monarchie absolue que le peuple devait briser un siècle plus tard.

En décembre 1671, 2,000 soldats italiens vinrent à Melun pour prendre logement, cette fois encore les habitants s'exaspérèrent; leurs plaintes étaient d'autant plus fondées que depuis trois mois, ils logeaient déjà les troupes de la garnison, les gardes-françaises et suisses.

Pierre Guyard fut arrêté dans la grande rue par une foule surexcitée qui l'injuria en l'accusant de mollesse, de lâcheté, etc., un habitant plus hardi lui lança un formi-

dable coup de poing en pleine figure;
alors ce fut une véritable révolte, les soldats italiens allaient s'élancer sur la foule
et une effusion de sang était à craindre,
mais Pierre Guyard se releva et parvint
à haranguer la population qui, fort heureusement, écouta cet homme pacifique
par excellence.

Plus tard, l'échevin Noël subit une
agression semblable pour le même motif.

En 1672, la ville de Melun possédait
600 feux à raison de 5 habitants, en
moyenne ; la ville avait donc une population de 3,000 habitants environ.

Des difficultés qui surgirent entre les
magistrats et les maire et échevins amenèrent, à Melun, M. le Tonnellier de Bre-
teuil, maître des requêtes, afin de faire
une enquête pour étudier les griefs des
deux parties.

Il régla plusieurs questions qu'il envoya au conseil du roi, ainsi :

La présidence des assemblées générales
incombait au lieutenant-général ; aux
maire et échevins, on confia le droit d'é-

tablir le logement des « gens de guerre »,
de mandater les dépenses, d'ouvrir la cor-
respondance, de conserver les clefs de la
ville et de faire le nécessaire pour la garde des remparts.

Le même arrêt prescrivait que l'élection
des maires aurait lieu de trois ans en trois,
le dimanche de la *Quasimodo*, sur la
convocation des délégués par le procureur du roi.

Ces délégués devaient être nommés tous
les deux ans par les paroissiens au sortir
de la grande messe, le premier dimanche
de l'année, de deux ans en deux ans.

56 délégués étaient choisis dans la ville
de Melun, comme suit :

3o pour la paroisse Saint-Aspais ;

10 pour chacune des paroisses Saint-
Étienne et Saint-Ambroise ;

3 pour les paroisses des faubourgs St-
Barthélemy et St-Liesne.

Ces députés devaient contrôler les officiers municipaux ; c'était, comme on le
voit, le commencement de l'établlisse-
ment du conseil municipal.

Le but de l'arrêt de 1673 était de faire

cesser les désordres des réunions électo-
rales où environ 400 personnes s'invectivaient en termes peu familiarisés avec les
formes parlementaires.

Le premier maire nommé dans ces conditions fut le sieur Georges Biberon, élu
pour trois ans.

Depuis plusieurs années, on remarquait
que les voûtes principales de l'église St-
Aspais menaçaient de s'effondrer ; le manque de fonds empêchait la restauration
du monument lorsque le 1er août 1674, à
la suite d'un violent orage qui éclata sur
la ville de Melun, il fallut songer à l'exécution des travaux de réparations.

Ce fut un architecte, membre de l'Académie royale de Paris, nommé Daniel
Gittard, natif de Blany-lez-Tours, qui
dirigea ces importants travaux exécutés
par Isambert Simon, maître maçon, Jehan
Gourgourou et Gille Lecomte, tailleurs de
pierres à Paris.

St-Aspais ne fut rendu au culte qu'en
décembre 1678.

Une nouvelle épidémie vint encore attrister la ville de Melun, en 1675, pendant la saison estivale.

Il y eut de nombreuses victimes et les registres paroissiaux annoncent une mortalité de 77 personnes pour les mois de mai, juin et juillet ; le chiffre correspondant des autres années était de 18.

Mme Marie Bonneau, veuve de Jacques de Miramion, dame de Rubelles, envoya des secours aux officiers municipaux qui restèrent à leurs postes pendant toute la durée de l'épidémie alors que la plupart des nobles et magistrats désertèrent notre cité.

La même année, en 1675, 14 compagnies d'infanterie de Bourgogne vinrent loger dans Melun pendant l'hiver.

Il fallut alors, faire une nouvelle imposition à raison de 100 sols par jour pour chaque compagnie, et ça pendant cinq mois !

Ce n'était pas fini avec les charges ; après la peste, « l'uztancile ». Le roi pu-

blia, le 29 juillet 1673, un édit autorisant la levée, durant neuf mois, d'une
imposition sur toutes les maisons de la
ville sans exception « afin, disait l'arrêt,
de venir en ayde aux gueux et les empêcher de mendier, de faire le nettoyage des
rues, des latrines publiques » ; en réalité,
c'était les contributions des portes et fenêtres qui commençaient.

Il était perçu :

Sur les maisons à portes cochères, 50
sols :

Sur les maisons à portes bâtardes, 30
sols ;

Sur les autres, 20 sols.

Le 12 avril 1676, Dumondé (Pierre),
conseiller du roi au Châtelet, était élu
maire par les délégués des paroisses, lorsque le 29 mars suivant un arrêté, signé :
Deligre et Colbert, portait « à l'avenir, le
corps de la ville de Melun sera composé
de deux eschevins seulement, l'ancien fera
les fonctions de procureurs-syndic ».

L'arrêt, portant la suppression des
maires, n'eut pas de suite et Pierre Du-

mondé continua d'administrer la ville avec le titre de *maire*.

Le 3o septembre 1679, le maire réunit les habitants en assemblée dans la salle du Châtelet afin de délibérer sur les moyens de s'affranchir du logement de la garnison des neuf compagnies d'infanterie que le roi se proposait d'envoyer à Melun, en quartier d'hiver.

Le logement des «gens de guerre» était si odieux que les habitants préférèrent accorder 10 livres par jour, soit le double de ce qu'ils payaient, pour se décharger « du droit des troupes de passage, à prendre le lit, le pot et place au feu et la chandelle », en un mot, l'uztancile.

Cette décision fut prise « bien qu'ils fussent dans l'impuissance de pouvoir financer autre chose à l'occasion des pertes qu'ils ont faites, qu'ils souffrissent continuellement par la cessation du commerce et la chute du pont ».

En 1677, les arches du Pont-aux-Moulins s'écroulèrent et, en 1679, les réparations entreprises n'étaient pas encore terminées.

Le passage de la Seine se faisait au moyen d'un bac qui transportait les chevaux, voitures et habitants d'une rive à l'autre.

Un affreux accident, occasionné par ce mode de transport, eu lieu le samedi 4 octobre. Le radeau trop chargé coula, et 18 personnes pèrirent sur 22 passagers.

Le 9 avril 1679, on procéda au vote pour l'élection du maire.

Nous croyons intéressant de publier le procès-verbal de la séance, on verra comment on procédait pour élire le premier magistrat de la municipalité melunaise.

PROCÈS-VERBAL

Election des maires, eschevins et receveur de deniers communaux dans la ville de Melun

CE JOURD'HUY DIMANCHE, NEUFIÈME JOUR D'AVRIL MIL SIX CENS SOIXANTE-DIX-NEUF, à l'issue de la grand'messe de la paroisse St-Aspais célébrée en la dite église.

Nous CLAUDE GAULT, sieur de Clerisse, conseiller du roy nostre Sire, lieutenant-général pour Sa Majesté au Châtelet, baillage et présidial de

Melun accompagné du procureur du Roy et du commis-greffier ordinaire des ditz sièges et assisté de Jean Odon, et Estienne Charpentier, huissiers royaulx en la dicte ville;

Nous sommes rendu dans la grande salle de l'audience du dit Châtelet de Melun pour exécution de l'arrest de nos seigneurs du Conseil d'Estat de Sa Majesté du 28 janvier 1673 procéder à l'élection d'un maire, eschevins et d'un receveur de deniers communs ;

Ou estant entré et après avoir pris nostre séance, seroient entrez et montez les sieurs Biberon, lieutenant-criminel ; Drion, lieutenant particulier ; Guart, Cadot, Colleau, conseillers es-dites juridictions ; Leconte, lieutenant en l'eslection du dict Melun, et Pilloust, procureur du Roy de ce dict Châtelet, pris les voix, suffrages, opinions et advis des électeurs et députés de cette ville, ainsy qu'il ensuit et sera ci-après déclaré et exprimé par lesquels ils ont nommé scavoir :

Le dit Biberon a nommé pour maire du dict Melun, maistre François-Paul Lefebure Desboulleaux, avocat et lieutenant de la maréchaussée de Melun, pour premier eschevin de la paroisse Saint-Aspais, M. Charles Riotte sieur de Peaumolin, bourgeois de la ville, pour second eschevin d'icelle paroisse, Pierre Thomas, maistre chirurgien et commis aux rapports, pour eschevin de la paroisse St-Etienne, Edme Morisson, pour celle de St-Ambroise, Nicolas Hubert, marchand, et pour receveur des de-

niers communs, Pierre Petit, voilturieur par
eaue ;

Le dict sieur Drion, lieutenant particulier, a
dit qu'il estime que M. Pierre Dumondé, conseiller au Châtelet de Melun, à présent maire
de la dite ville, doit estre continué en la charge
de maire, de laquelle il s'est très dignement ac-
quitté pendant les trois dernières années. Et a
nommé le dict sieur Riotte de Peaumolin pour
premier eschevin; pour second eschevin, Jean
Boucher, marchand, pour eschevin de la paroisse St-Etienne le dict Morisson ; puis pour
celle de St-Ambroise le dict Hubert, et pour receveur des deniers le dict Petit.

, Le sieur Cadot a voté pour les mêmes excepté
Henry Ravault, hostellier, qu'il nomme pour la
paroisse St-Ambroise ;

Le sieur Colleau a voté comme le sieur Cadot ;

Le sieur Lecomte, lieutenant de l'eslection,
a semblablement nommé pour maire le sieur
Dumondé et pour eschevins et receveur des
deniers communs les sieurs de Peaumoulin,
Boucher. Morisson, Hubert et Petit ;

Le sieur Pilloust, procureur du Roy en l'eslection a nommé les mêmes avec le sieur Ravault pour St-Ambroise.

M⁺ Pierre Guibert, advocat en parlement et
au Châtelet de Melun, a nommé les mesmes ;

M⁺ Jean Tesche, aussy advocat en parlement,
a nommé les mesmes ;

M⁺ Louis Houy, notaire au Châtelet de Melun,

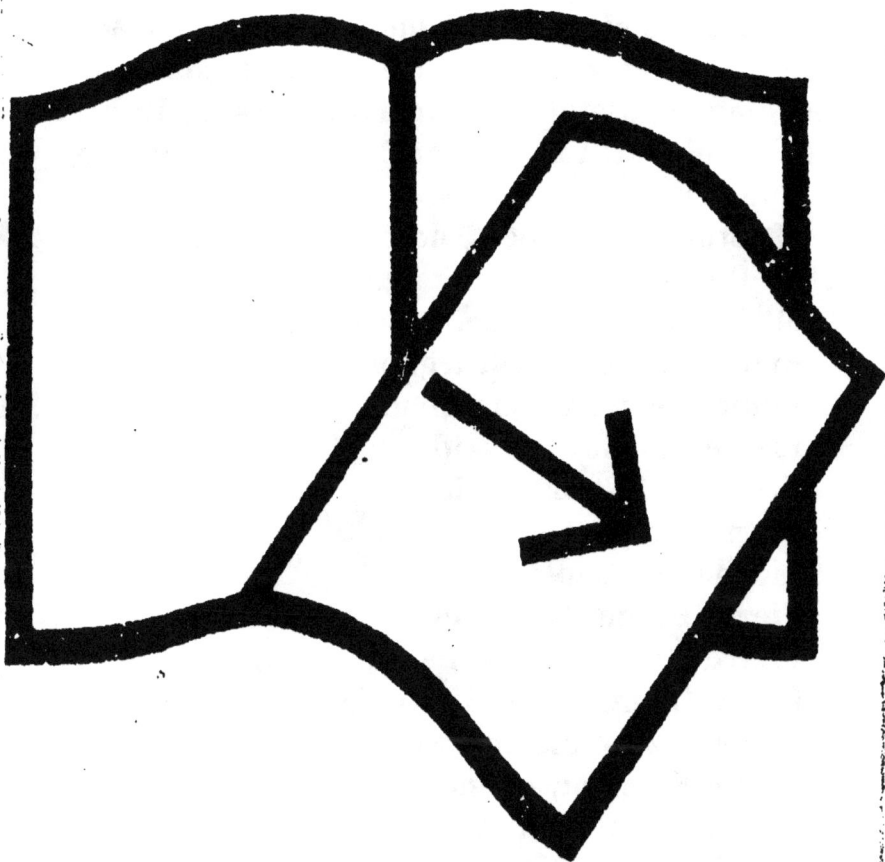

Documents manquants (pages, cahiers...)

NF Z 43-120-13

MANQUE PAGES 89-90

Mᵉ Louis Houy, notaire au Châtelet de Melun, a nommé le sieur Dumóndé pour maire et pour eschevins et receveur' des deniers communs, les dicts Peaumolin, Thomas, Marisson, Hubert et Daniel Darramy, thonnellier, pour receveur;

Puis ont voté :

Mᵉ François Guibert, notaire ;

Mᵉ Pierre Sauvage, notaire ;

Mᵉ Hierasmo Lefranc, procureur ;

Pierre Thomas, chirurgien ;

Louis Lheureux, marchand ;

Pierre Charlot, id.

François Ratier, id.

Pierre Rousset l'aisné, id.

Jacques Charlot, id.

Pierre Besnard, id.

Pierre Rousset le jeune, id.

Pierre Clément dit la Rochette, maistre chirurgien et commis aux rapports du Châtelet ;

Pierre Fresnau, huissier ;

Francois Barbier, tailleur d'habits ;

Charles Jauvin, maistre patissier ;

Estienne Feydon, maistre cordonnier ;

Jean Guigne, vigneron au faulxbourg St-Barthélemy ;

Jean Feron, aussy vigneron audict faulxbourg ;

Et, après avoir longtemps attendu et que les autres électeurs et députtés des paroisses de cette ville, ne sont venus ni comparus, nous avons contre eux donné deffaulx, pour le proffit duquel avons présentement colligé les voix, en-

suite de quoy il s'est trouvé que le dict sieur
Dumondé est continué, nommé et esleu pendant
3 nouvelles années maire de la dicte ville de
Melun, le sieur Riotte de Peaumolin est nommé premier eschevin pour la paroisse St-Aspais ;

Le sieur Thomas pour second eschevin d'icelle
paroisse; le sieur Marisson pour celle de Saint-
Etienne, le sieur Ravault pour St-Ambroise et
le dit Petit pour receveur de deniers communaux de la Melun ;

En conséquence desquelles nominations et
élections, disons, sur ce oüy le procureur du
Roy, qu'à sa requête poursuiltes et dilligences,
ils seront assignés pardevant nous à ce jour-
d'huy, trois heures de relevée, pour chacun
d'eulx prester le serment es-dictes charges et
qualités.

Ce fut fait et donné par nous, lieutenant-général et juges sus-nommés, les jour et an que dessus.

(Suivent les signatures).

Pierre Dumondé, réélu, a géré la ville
jusqu'au 12 avril 1682, époque à laquelle
il fut remplacé par Jacques Lefebure de
Villaroche, président de l'élection.

Ce système d'élection du maire, qui est
absolument semblable à celui qui nous ré-
git aujourd'hui, donna un peu de tranquil-

lité à la ville de Melun ; mais l'éternelle
question du logement des troupes, les dépenses folles qui étaient faites à Versailles forcèrent le roi à lever des impôts et à
pressurer les malheureux contribuables.

Quand les habitants ne pouvaient pas
solder leurs « tailles », ce qui arrivait fré-
quemment, les collecteurs étaient empri-
sonnés ; avec cette punition en perspec-
tive, on doit penser quels moyens em-
ployaient les collecteurs royaux pour per-
cevoir les contributions.

En 1685, une lutte eut lieu « entre les députtés électeurs du maire » ; plusieurs séances orageuses éclatèrent entre les partisans
de l'ancien maire Lefebure de Villaroche
et ceux de Bellanger, docteur en médecine. Le présidial ne voulait pas lâcher le
pouvoir municipal et, dans la séance du
15 avril, la discussion s'envenima à tel
point que l'élection fut remise à quinze
jours pour donner le temps « aux esprits
de se caliner ». Enfin, le 29 avril 1685, Jacques Bellanger l'emporta et devint le chef
de la municipalité.

Les magistrats de Melun, jaloux de voir la mairie leur échapper, devinrent tout à fait inexorables; les intrigues succédèrent aux intrigues et, au bout de ses trois années, Jacques Bellanger, désillusionné, écœuré de la politique locale, ne se représenta pas à nouveau lors de l'élection du maire, le 25 avril 1688.

Les magistrats reconquirent la municipalité et Louis Riotte de Peaumolin, conseiller au Châtelet, fut élu maire pour la période 1688-1691.

Louis Riotte était le descendant de la famille qui avait déjà donné trois maires à la ville de Melun en l'espace d'un siècle.

Les prodigalités de la cour la rendait de plus en plus exigeante, on accablait de charges ceux qui possédaient et les petits propriétaires étaient obligés de cacher leur avoir, de se priver du bien-être afin de ne pas donner l'éveil aux collecteurs qui, semblables à des « bandits », seraient venus les dévaliser.

Alors, la vie devint impossible, la ville de Melun est abandonnée, les gens fuient

devant l'impôt ; c'est la misère effrayante
et nomade qui ne préoccupe nullement
l'oppresseur égoïste, avide d'accapare-
ment.

En 1690, au sujet d'une nouvelle taxe
sur le forage des vins, les melunais expo-
sèrent leurs plaintes ainsi qu'il suit :

« Que la ville estant un grand passage
« de gens de guerre, elle en est accablée,
« en sorte qu'il y a plus de 350 maisons
« de vuiddes, ruynées et sans habitans,
« n'y ayant pas plus de moytié de mai-
« sons, dans la dicte ville, habitées et rem-
« plyes. »

(Archives municipales).

A force de demander et pour se procurer de nouvelles ressources que les « tailles » ne pouvaient plus fournir, le Roi-
Soleil enjoignit aux églises, communau-
tés, monastères, etc., de déposer à l'hôtel
de la Monnaie l'argenterie dont ils n'a-
vaient pas besoin pour célébrer les services
divins ; le 5 août 1691, les paroissiens de
Saint-Aspais se réunirent et dressèrent
l'état de l'argenterie que l'on pouvait
« offrir au roy ».

Les églises St-Etienne, St-Ambroise,
les monastères des Carmes, des Annon-
ciades, de la Visitation et des Ursulines
envoyèrent aussi une partie de leur argenterie qui fut expédiée à l'hôtel des Mon-
naies par les soins du maire, Riotte de
Peaumolin, qui avait été réélu le 22
avril 1691.

Le règne de Louis XIV a été un règne
glorieux pour les arts et les lettres, mais
il fut lourd et dur pour le peuple ; toutes
les villes se saignaient pour le roi.

Versailles était le gouffre qui absorbait
toutes les épargnes. La cour cherchait
toujours des moyens d'avoir de l'argent
pour son luxe.

En 1693, le gouvernement rendit vénales les charges d'officiers de l'hôtel de
ville.

Les troubles qui survenaient à chaque
élection de maire furent un prétexte à la
décision du roi.

On vendit les *charges de maire* absolument comme une étude d'officier ministé-
riel.

Le Trésor encaissait le capital et les administrés payaient les intérêts qui constuaient les gages annuels du maire.

Le premier maire perpétuel de Melun fut Louis de Montault, conseiller du roi, président au baillage et siège présidial.

Louis de Montault reçut ses lettres de provision le 20 juillet 1693 et paya, pour prix de sa charge, la sommme de 8,000 livres.

LETTRES DU ROI LOUIS XIV
en faveur du maire perpétuel de Melun 1693

———

Louis, par la grâce de Dieu, roi de France et de Navarre, à tous ceux que ses présentes lettres verront, SALUT, sçavoir faisons que : pour la plaine et entière confiance que nous avons en la personne de Nostre cher et bien amé M. Louis de Montault, nostre conseiller, président au baillage présidial de Melun ; et en ses sens, suffizance, loyauté, prudhommye, expérience, capacité, fidélité et affection à nostre service ; pour ces causes et autres, à ce nous mouvans lui avons donné et octroyé, donnons et octroyons par ces présentes, *l'office de nostre conseiller, maire de la ville et communauté de Melun*, généralité de Paris créé héréditaire par édit du mois d'août dernier, et auquel n'a pas

encore esté pourveu. Pour y celuy avoir, tenir et
doresnavant exercer, en jouir et user par le dit
sieur de Montault, ses hoirs ou ayant cause, hé-
réditairement, aux gages de trois cens-vingt
liures par an dont sera laissé fonds dans l'Etat
de nos finances de la dite généralité, et aux
mesmes honneurs, droits et émoluments, prévilèges, prérogatives, rang et service dont les
maires cy-devant establi et tous les officiers
qui en ont faict les fonctions ont jouy tant es
hostel-de-villes, assemblées et cérémonies publiques qu'autres lieux, exemption de tutelle,
curatelle de guet et garde du ban et arrière-ban,
tailles, logement de gens de guerre et autres
charges et contributures, le tout suivant et ainsi
qu'il est plus au long porté par notre édit dont
coppie imprimée et cy-attachée sous le contre
scel de nostre chancellerye.

Sy donnons en mendement à nostre amé et
féal conseiller en nos conseils, maistre des re-
questes de nostre hostel, intendant de justice et
finance en la généralité de Paris, le sieur Pilip-
peau, que lui estant apparut de bonne vye,
mœurs, conversation et religion catholique,
apostolique et romaine, le sieur de Montault et
luy prié et tenir le serment en tel cas requis et
accoustumé, il le reçoive, mette et institue de
par nous en possession et jouissance du dict office, l'en faisant jouir et user, ensemble des honneurs, autoritez, rang, séances, prérogatives,
gages de trois cens vingt-cinq livres par an,
droicts, fonctions, attributions et exemptions

susdicts, plainement, paisiblement et hériditai-
rement, et à luy obéir et entendre de tous ceux
et ainsi qu'il appartiendra ès-choses touchant
et concernant le dict office.

Mandons en outre à nos amés et féaux conseillers les présidents, trésoriers de France et
généraux de nos finances à Paris, que par ceux
de nos officiers receveurs, payeurs et compta-
bles qu'il appartiendra, ils fassent payer et délivrer comptant au dict de Montault doresnavant par chacun où les bagages et droicts au
au dict office appartenant aux termes et en la
majorité accoustumée, à commencer du jour de
sa réception, rapportant coppie de laquelle et
des présentes duement collationnées pour une
fois seullement avec quittance du dict de Montault sur ce suffizante, nous voulons les dicts
gages et droicts estre passez et allouez en la dé-
pence des comptes de ceux qui en auront fait
le paiement par nos amez et féaux conseillers
les gens de nos comptes à Paris, auxquels mandons ainsy le faire sans difficulté, *car tel est
nostre plaisir.* En témoing de quoy nous avons
fait mettre notre scel à ces dictes présentes.

Donné à Paris, le cinquiesme jour de juillet,
l'an mil six cens quatre-vingt-treize.

(Signé :) Louis.

Louis de Montault prit possession du
pouvoir municipal le 25 juillet 1693.

Ses attributions étaient ainsi définies :

Il avait le droit de convoquer les assemblées municipales, d'examiner et de recevoir les comptes, de délivrer des mandats de paiements, de garder les archives et d'allumer les feux de joie.

Il portait la robe et avait ses entrées aux séances des Etats provinciaux (conseil général des provinces).

Il était exempt des droits d'octroi pour ses provisions personnelles, ne payait pas « la taille » et ne logeait pas les « gens de guerre ».

Rendues vénales, les fonctions de maire devenaient ainsi un privilège du roi, c'est pourquoi la nomination de Louis de Montault ne fit pas grand bruit parmi les habitants de la classe ouvrière melunaise et eut le don de déplaire aux fonctionnaires qui craignaient de voir leurs attributions amoindries.

L'un d'eux, Claude Cacon, prévost de Melun, protesta contre la vente de la charge de maire et n'hésita pas à porter l'affaire devant le Conseil d'Etat du Roy, qui rendit l'arrêt suivant, le 12 janvier 1694.

« A la requête du sieur Montault, or-
« donnons que le maire présidera, à l'ex-
« clusion de tout autre, les assemblées
« concernant l'Hôtel-Dieu et l'hôpital St-
« Jacques, et lui octroyons la police sur
« tous les ports de la ville avec défense au
« prévost de le troubler lans ses droits
« et fonctions. »

Les motifs allégués pour justifier l'édit
étaient de faire cesser les disputes et les
cabales qui précédaient et suivaient chaque élection du chef de la municipalité ;
c'était aussi, affirmait le gouvernement,
pour éviter les abus, le despotisme du
maire élu contre ses adversaires et les
prévilèges qu'il accordait à ses partisans ;
mais, ce que l'édit n'avait pas prévu, c'é-
tait qu'un maire nommé à perpétuité, ne
devant rien aux électeurs, pouvait devenir plus tyrannique qu'un magistrat municipal élu pour trois ans. Il pouvait se
permettre toutes les injustices et ça, sans
contrôle de la part de habitants ; il pou-

vait devenir infirme... mourir... alors, dans ce cas, que serait devenu la charge ? la veuve, les héritiers auraient-ils continué ou l'auraient-ils vendue à qui bon leur auraient semblé ?...

C'eut été leur droit, après tout! Il est vrai que sous une monarchie absolue, comme celle inaugurée par le roi Louis XIV l'Etat ne s'embarrassait pas pour trancher les questions de légalité ; cependant, malgré tout, l'édit royal n'était pas pratique.

Les arguments invoqués pouvaient paraître justes à cette époque, mais nous, qui connaissons la suite de l'histoire, nous savons qu'en décrétant cette loi Louis XIV ne visait que l'argent qu'elle pouvait lui rapporter ; toutes les places, même les plus modestes, étaient converties en offices et pouvaient s'acheter.

C'est ainsi qu'en 1693, le concierge de l'Hôtel de Ville a payé 100 livres pour avoir le droit de tenir cet emploi à la mairie.

La cour somptueuse du Roi-Soleil coûtait cher à la France !

Tous ceux qui jouissaient d'une certaine aisance, préféraient acheter des emplois afin d'être exemptés du logement des « gens de guerre ». C'est ainsi que Pierre Leroy, « voyturier par eau », domicilié à Melun, s'offrit de faire faire à ses frais les réparations du bâtiment de l'hôtel de ville qui tombait en ruines, en 1691, à condition d'être exempté de l'« ustancile » pendant quatre années.

Tous les moyens étaient bons pour procurer des ressources au roi; on taxait tout!... jusqu'aux blasons des villes.

Melun dut payer 50 livres pour ses armoiries, qui sont encore celles d'aujourd'hui : « *Une couronne antique sur* « *un simple blason d'azur, semés de* « *fleurs de lis d'or, chargé d'un château* « *sommé de trois tours, maçonné et* « *ajourné de sable* ».

Dessous, une banderolle avec cette devise : *Fida muris usque ad mures* (Fidèle à ses murs jusqu'à manger des rats). Cette fière devise était une allusion aux souffrances endurées par la famine et à la fidélité des habitants pendant le siège des Anglais en 1420.

Elle a remplacé une plus ancienne qui était ainsi conçue : *Ex uno per plurino tendit ad unum.*

C'est Sébastien Rouillard, l'historien de Melun, qui a composé la devise que nous avons encore aujourd'hui.

En 1693, la récolte avait été mauvaise, la famine éclata à nouveau et tout chacun tenait à cacher ses provisions de grains.

Le premier acte de Louis de Montault fut de faire rechercher le blé emmagasiné dans les granges et dans les greniers.

Ces réquisitions arbitraires surexcitèrent la population qui se révolta.

Le 4 septembre 1693, deux bateaux de blé, qui allaient sur Paris, furent arrêtés à Melun et une partie de leur contenu fut vendue sur la place du marché de la ville

La famine n'empêchait pas le Trésor de lever des impôts, car il décida que Melun serait taxée de 2,400 livres pour l'année 1694.

Le jeudi 17 février 1695, le tocsin retentit dans la cité, un incendie s'était déclaré dans les bâtiments du Châtelet. Ce
sinistre est raconté.dans une note publiée
par M. Huchereau. l'un des eschevins, et
conservée dans les archives municipales :

« Le feu s'était conservé pendant quel-
« ques jours dans une des cheminées du
« Châtelet de Melun, le consuma, en sorte
« qu'il n'en resta que les quatre murailles.

« Depuis, il a été rétably plus beau par
« les ordres de M. Phélyppeaux, intendant
« de la Généralité de Paris, et on y rentra
« pour l'élection, le 28 féviricr 1697, et
« pour le présidial, le 17 mai au dit an. »

La même année, une inondation fit
beaucoup de ravages dans les bas quartiers de la ville; le nommé Besnard, greffier de la mairie, le déclare dans un procès-verbal que l'on a retrouvé dans les
registres de l'hôtel de ville.

« La rivière a commencé à grossir le 22
« juin jusqu'à la St-Pierre, les anciens
« n'avaient jamais vu ça ; il ne s'en man-
« quait guère que de quatre doigts que
« l'eau ne dépassât le pont St-Liesne. La

« poterne de l'hôtel de ville était com-
« plètement bouchée. »

A la fin du xviie siècle, Melun vit le
château royal tomber en ruines, les capucins des Carmes avaient obtenu l'autorisation de prendre des matériaux pour la
constructiion de leur cloître et le 26 juillet 1696 une lettre de l'Intendant de la
Généralité » autorisait la vente « de la
couverture et des matériaux des combles,
pour en appliquer le produit à la restauration des ponts de la ville. »
Les Bourbons démolissaient les Valois!

Melun eut cependant une amélioration.
En 1698, les routes non empierrées étaient
impraticables, les ornières exposaient les
voyageurs aux accidents. A la suite d'une
visite de Racine, qui était venu le 8 octobre pour assister à l'entrée en religion de
sa fille au monastère des Ursulines, on
commença a paver le chemin de Paris,
dans le faubourg St-Barthélemy.
La taille rapportait 8,500 livres par an,
et, pour éviter les incessantes réclama-

tions des habitants pour le logement des troupes, on promit de construire une caserne sur l'emplacement du château royal.

Cette promesse qui ne devait se réaliser que dans le courant du xviiie siècle, fit accepter sans trop de récriminations les nouvelles charges; mais ces levées d'impôts, ces vexations au peuple devaient faire germer dans les cerveaux français les idées d'indépendance et de liberté qui éclatèrent cent ans plus tard, le 14 juillet 1789.

Le luxe insatiable de la cour mettait la nation à sec et nos gouvernants, hommes intelligents et de progrès, s'ingéniaient à trouver des impôts pour alimenter la cassette royale.

En toute impartialité, il faut reconnaître que des grandes choses ont été faites pendant le règne du grand roi, tant il est vrai que la nécessité est la mère des inventions.

Toutes les villes de France étaient pressurées, accablées de charges semblables à celles que nous venons d'énumérer depuis l'avénement du petit-fils du monarque qui voulait que ses sujets mettassent la *poule au pot* tous les dimanches.

Ainsi finit ce siècle, dans un cadre superbe, misérable et dur pour le peuple.

———◆———

XVIIIe siècle

En 1701, les inondations de la Seine avaient intercepté la route de Paris, à Villeneuve-St-Georges, de sorte que les marchandises provenant de la capitale n'arrivaient plus sur le marché de Melun.

Le maire fit demander, par un courrier, au Conseil du Roy de bien vouloir autoriser le fermier des coches par terre à continuer le service en passant par Corbeil et Essonnes et au bout de quelques jours les approvisionnements parisiens reparurent sur les marchés melunais.

Puisque nous parlons des coches, voici, à ce propos, les prix que l'on payait pour un voyage de Melun à Paris au commencement du xviiie siècle : 35 sols à l'aller et 45 sols au retour.

On mettait 8 à 10 heures pour faire le trajet, cela dépendait de la saison.

Le prix du voyage par eau était de 1 liv. 2 sols en descendant et de 1 liv. 13 sols en remontant.

Jusqu'à 1700, les coches d'eau, venant d'Auxerre, s'arrêtaient, les dimanches et fêtes, près le Pont-aux-Moulins et les voyageurs descendaient pour aller entendre la messe dans l'église St-Sauveur.

En remontant, les bateaux faisaient station au pied de la tour Mauger ; alors les voyageurs, pour entrer dans la ville, devaient cotoyer les fortifications, aujourd'hui le Pré-Chamblain, pour arriver à la porte de Bierre située au coin de la rue St-Ambroise.

En 1745, les frères Richard, entrepreneurs du service des coches, obtinrent l'autorisation de faire percer une porte près la tour, ce qui supprima le détour à faire pour les arrivants.

Cette porte prit le nom de « Porte Richard ».

La nomination du maire perpétuel n'a-
vait pas éteint l'antagonisme qui existait
entre les « gens de robe » et les officiers
civils, pour les questions de préséances.

Le maire fit des réclamations et, le 15
janvier 1704, un arrêt du Conseil d'Etat
publia l'ordre et la marche qui devaient
être observés entre les magistrats et la
municipalité durant les *Te Deum, les feux
de joie* et les cérémonies publiques.

Quelques mois plus tard, Louis de Montault mourait et sa « charge » était concé-
dée à Lefébure du Tillet (Thomas), le 13
juillet 1704.

En 1706, un conflit éclata entre les boulangers de la ville et la municipalité ; des
boulangers forains venaient vendre du
pain sur les marchés à 1 sol au-dessous
des boulangers de la ville, pour le pain
de huit livres.

Les melunais réclamèrent contre cette
concurrence, alléguant qu'ils avaient à
payer la « taille » et l'« ustancile » et de-

mandèrent le monopole de la vente sur
les foires et les marchés.

La municipalité leur donna raison à
condition qu'il ne pussent jamais vendre
le pain hors de leurs boutiques au-dessus
du taux suivant : six sous le pain de huit
livres, si le setier de blé valait six livres ;
sept sous s'il valait sept livres, etc.

En 1708, le commencement de l'hiver
n'avait pas été rigoureux ; mais, le 5 janvier 1709, il commença à geler « pendant
vingt jours en augmentant », nous dit
dans ses notes Me Besnard, greffier de la
ville.

A la suite d'un faux dégel, survenu en février, les blés furent gelés et la misère devint épouvantable jusqu'à la récolte de
1710 qui fit renaître l'abondance.

Détail affreux : pendant le *grand hiver*
on enterrait les morts dans les églises,
car il était impossible, à cause de la ge-
lée, de creuser des fosses dans les cime-
tières.

Après ces épreuves successives, la ville
de Melun connut, non pas la prospérité,

les trop lourdes charges imposées aux habitants empêchaient le développement de la cité, mais un calme relatif dû principalement au grand âge du roi qui ne quittait plus Versailles.

Les troupes continuaient à prendre leurs quartiers d'hiver chez les contribuables à qui l'on faisait espérer la construction d'une caserne.

Au mois de janvier 1715, la population était réunie sur la route de Fontainebleau pour attendre l'arrivée de l'ambassadeur du schah de Perse, Mehémet-Riza-Bey, qui se rendait à Versailles.

Le maire, les échevins, la milice et les arquebusiers de la ville le reçurent à la Croix-St-Jacques à 6 heures du soir.

Il arriva, vêtu à la mode persane, avec toute sa suite composée d'environ quarante personnes tant officiers, pages et valets.

Tous marchaient les uns derrière les autres, en file indienne; on forma l'escorte et, comme il faisait nuit, il entra

dans la ville de Melun « au milieu des falots allumés en masse ».

Il descendit à l'abbaye des St-Pères.

Après le souper, les dames furent ad-
mises à le voir ; il les reçut gracieusement,
en fit asseoir quelques-unes à côté de lui
« en tailleur ou en singe », les fit déchaus-
ser et après leur avoir offert du café, il
les fit danser.

Le lendemain, il reprenait la route de
Paris, salué au départ par la milice et la
population.

Sa galanterie plût aux dames et les petites bourgeoises de 1715 enviaient Mlles
Ravault (de l'hôtel de la Galère) et Made-
lon Besnard, la fille du greffier de l'hôtel
de ville, qui avaient été particulièrement
remarquées par l'ambassadeur persan.

Cependant les finances de l'Etat étaient
loin d'être prospères et après avoir
vendu les charges de maires pour en tirer
de l'argent, on imagina, quand il fut
épuisé, de les reprendre pour se créer de
nouvelles ressources.

Au mois de septembre 1714, Louis XIV

lançait un nouvel édit ordonnant la suppression des maires perpétuels.

On accordait trois années aux villes
pour « acheter la charge », c'est-à-dire
rembourser le prix d'achat au titulaire
qui l'avait payée, mais on devait donner
les 8,000 livres au roi qui en ferait tel
usage qu'il lui plairait.

Un an plus tard, le 1er septembre 1715,
Louis XIV mourait et le duc d'Orléans
était nommé régent du petit-fils du défunt
qui avait été proclamé roi sous le nom
de Louis XV.

A l'expiration du délai, en juin 1717, la
Ville, n'ayant pas rempli les conditions
formulées par l'édit royal publié en 1714,
le duc d'Estrées, gouverneur de la province, écrivit la lettre suivante à la municipalité melunaise :

Ayant plu au roi de supprimer la charge des
maires et autres officiers de maisons de ville de
son royaume, qu'il avait cy-devant rendues hé-
réditaires, et voulant, à commencer du 1er janvier prochain 1718, qu'elles soient remplies de
sujets choisis et nommés à la pluralité des
voix de tous les habitants librement assemblés

et convoqués à cet appel. Ne manquez pas, s'il vous plaît, à procéder avant ledit jour, 1ᵉʳ janvier prochain, à l'élection des dits officiers en la matière accoutumée, et avec l'exactitude requise en pareilles assemblées.

L'élection eu lieu le 19 novembre 1717 et Moreau (Philippe-François), lieutenant particulier du baillage, fut élu pour 3 ans.

Il prit possession de la mairie le 1ᵉʳ janvier 1718.

Sa gestion se passa sans incidents remarquables ; il est vrai que le pouvoir municipal était annihilé par la puissance de l'Intendant de la province, le maire, placé sous ses ordres, n'était en réalité que l'employé du pouvoir provincial.

Dans ses conditions, la place de maire n'avait plus d'envieux ; les habitants se désintéressaient de l'élection.

Moreau fut réélu pour trois ans le 20 avril 1721.

Un an plus tard, le 6 décembre 1722, un conflit entre les officiers de la milice et les arquebusiers provoqua sa disgrâce.

C'était pour une question de préséances le jour des fêtes données en l'honneur du sacre du roi.

Les officiers de la milice prétendaient avoir les places d'honneur dans l'église Notre-Dame, où un *Te Deum* devait être chanté ; les officiers des arquebusiers faisaient valoir que ces places leur étaient dues.

Alors, le maire Moreau prit fait et cause pour les arquebusiers, ce qui força les miliciens à exposer leurs griefs au comte d'Evreux, gouverneur de l'Ile-de-France.

Celui-ci leur donna raison par un mandement du 12 mars 1723.

Le maire se désista au mois d'avril suivant et Pierre Leclerc, notaire, fut pourvu de l'office par lettres royales du 3 mai 1723.

Pierre Leclerc était un prédécesseur de Me Aubergé, actuellement notaire à Melun, il avait acheté son étude, en 1705, à Jacques Guespereau qui la dirigeait depuis 1698.

Plusieurs titulaires de l'étude de Mᵉ Aubergé ont été maires de notre ville ; nous les citerons à leur tour chronologique, afin de procéder par ordre et ne pas anticiper sur la nomenclature que nous faisons de tous les magistrats municipaux qui se sont succédés dans la ville de Melun.

Animé de bons sentiments, voulant amoindrir les charges des habitants et principalement le logement des troupes, Pierre Leclerc fit des démarches pour reprendre le projet de construction d'une caserne.

En 1724, elle était décidée ; l'emplacement choisi fut le château royal, dans l'île S-Etienne, et l'on commença à démolir les tours,

Mais, soit que l'on ait reconnu l'exiguïté du terrain, soit que l'on ait songé aux dangers produits par les inondations, on abandonna le projet.

Pierre Leclerc démissionna la même année.

Nicolas Charlot, lieutenant-particulier,
— un descendant d'Antoine Charlot, assassiné en 1658, — reprit sa succession.

Il resta à la mairie jusqu'en 1731.

Le 4 septembre 1725, il y eut dans la
cité des réjouissances publiques données à
l'occasion du mariage du roi Louis XV
avec la princesse polonaise, Marie Lec-
zinska.

Le jeune monarque, avait, dit-on, un esprit élevé dès son enfance ; mais les exem-
ples de la cour du régent lui suggérèrent
des idées de débauche qui firent de son
règne, un règne de libertinage et de dé-
pravations.

Le dimanche 8 septembre, quatre jours
après leur mariage qui avait eu lieu à
Fontainebleau, les jeunes souverains passèrent à Melun et furent harangués par
des notabilités du royaume qui étaient
descendues dans notre ville, n'ayant pu
trouver à se loger dans Fontainebleau tant
l'affluence des étrangers était grande.

Le maire et les échevins leur offrirent

des vins d'honneur que Leurs Majestés burent au milieu des acclamations générales.

Plusieurs fois la reine traversa Melun, venant de Fontainebleau, pour aller rendre visite au maréchal Villars qui avait acheté le château de Vaux-le-Vicomte à la famille Fouquet en 1705.

Chaque fois, la population faisait un accueil enhousiaste à la fille du roi de Pologne qui commençait à désespérer de posséder le cœur de son volage et royal époux.

L'idée de revendre les charges de maires commença à hanter les cerveaux des ministres de Louis XV, dont la caisse était aussi trouée que celle de son grand-père, mais il fallait un prétexte; c'est alors que l'on imagina, pour préparer la vénalité des places de maires, de les faire nommer par le roi.

Jacques Colleau, lieutenant-criminel, fut nommé par arrêté du 18 août 1731.

Au bout de trois ans à peine, en novembre 1733, un édit annonçait que les offices

de maires seraient vendues comme moyen
de finances.

Sept mois après, un acquéreur consen-
tait à donner au trésor 10,250 livres pour
être le premier magistrat de la ville de
Melun. C'était Etienne-Simon Poiret, conseiller du roy; il s'installa à l'hôtel de
ville, en qualité de maire, le 30 juin 1734.

Il lui était alloué une somme de 300 livres par an — ce qui constituait les intérêts de son versement.

Ces gages, ou plutôt cette rente, lui
était fournie par un prélèvement sur les
revenus d'octrois, sur les fonds patrimoniaux de la localité ou, à défaut, sur les
états du roi en la Généralité de Paris.

Le souvenir de l'édit de 1714, avait rendu prudent le nouveau maire perpétuel
qui tenait à garantir son cautionnement
en cas d'une nouvelle décision du roi.

Simon Poiret resta 17 ans à la tête de
la municipalité.

On doit lui rendre cette justice, c'est
que malgré la vénalité de sa place, il n'en
n'abusa pas et s'occupa sérieusement de
la prospérité de la ville.

En effet, c'est à partir de son administration que Melun commença à se transformer.

En 1735, l'hôtel de ville de la rue
Neuve menaçant de s'effondrer on dut l'é-
tayer et faire des travaux de réparations
qui coûtèrent 1,800 livres et 1 sou.

Dans le cours des travaux, on reconnut
que les bâtiments de l'hôtel de ville n'é-
taient plus réparables et, le 16 août 1737,
le maire et les échevins en demandèrent
la démolition pour éviter les accidents.

La mairie fut vendue en 1748 pour le
prix de 390 livres et cette somme servit à
l'achat de sceaux et d'une pompe à incendie, la première que l'on ait eue dans notre cité.

C'était une pompe de l'invention du
sieur Tillaye, de Rouen ; elle lançait l'eau
à 50 pieds de hauteur et consommait de
14 à 15 muids à l'heure.

Avec toutes les constructions en bois
qui existaient à l'époque, c'était une acquisition utile ; les miliciens la faisait
manœuvrer, car les pompiers n'ont été

institués à Melun que sous le règne de Napoléon Ier.

La ville loua une salle dans la rue aux Oignons (rue de l'Hôtel-de-Ville) et les services communaux y furent installés jusqu'en 1787.

L'idée de la construction d'une caserne était trop intéressante pour ne pas occuper un maire si dévoué aux intérêts de ses concitoyens.

Poiret et les échevins adressèrent une supplique au roi, qui était en résidence à Fontainebleau et, le 3 septembre 1737, un arrêt du Conseil d'Etat concédait à la ville, la propriété de l'ancien château royal pour y construire des casernes, moyennant 10 livres de rente par an.

La population apprit cette nouvelle avec joie, car elle mettait les habitants à l'abri des charges de « l'Ustansile des gens de guerre ».

Malheureusement, les finances de la ville étaient trop restreintes et le 19 octobre 1743 les officiers municipaux passèrent leur traité au fermier des coches d'eau.

Les entrepreneurs de transports, transformèrent le vieux château de Robert le Pieux, de Charles V et de St-Louis en bureaux et en écuries pour y loger leurs employés ainsi que les chevaux qui faisaient le service de remonter les coches par le chemin de hallage.

En 1737, les remparts de la ville tombaient en ruines, les habitants ne se gênaient pas pour aller chercher de la terre et même les pierres des murs d'enceinte pour leurs constructions particulières.

Le maire Poiret s'émut de cet état de choses et, en octobre 1737, M. Harlay, intendant, autorisa la démolition des remparts autour de la porte Saint-Jean.

Les fossés furent comblés et le terrain bien nivelé jusqu'au pont St-Liesne.

Voilà comment a été créée la place St-Jean; à cette époque, ce n'était que des prairies, on apercevait par ci par là quelques fours à chaux et une tannerie sur les bords de l'Almont.

En 1743, on démolit le vieille porte St-Jean et on en reconstruisit une autre sur les plans de Boffrand, architecte du roi, ingénieur des ponts et chaussées.

On en voit encore des vestiges à la maison de la boulangerie tenue aujourd'hui par M. Leprince.

En 1750, une loge maçonnique fut établie à Melun, sous le nom de *Cœurs-Unis*.

Le jeton de présence de cette association représentait Saint-Jean avec un agneau, montrant le soleil et ces mots en exergue : *Caritas nos vocat.*

Plus tard, sous la Révolution, le jeton fut modifié ; au milieu de deux branches de chêne, on y lisait : « Liberté-Egalité » ; au revers, Minerve armée d'une lance, une équerre, un compas et un maillet, en exergue : *Consociare amat.*

Melun reprenait un peu de gaieté, les arqubusiers donnaient de jolies fêtes dans leur hôtel, situé dans la rue Saint-Ambroise, et les jeunes gens ne manquaient aucune occasion de s'amuser.

En 1750, il y eut à Melun un très beau carnaval ; un poète du cru fit des couplets sur les demoiselles, celles-ci composèrent une chanson sur les garçons et « elles eurent l'avantage ».

Bref, on a beaucoup ri dans la journée, et le soir il y eut un grand bal de société où toute la jeunesse melunaise se trouva réunie.

Garçons et filles étaient « costumés de belles façons » et dansèrent la danse « du Pierrot » vieille danse où le cavalier doit embrasser sa danseuse quand arrive la *coda*.

Les fêtes de nos ancêtres n'ont guère varié de nos jours et les cavalcades, bals de sociétés, costumés et travestis, qui sont organisés tous les ans par les jeunes gens, ne sont que la continuation des plaisirs qui amusaient si bien nos pères.

Au mois d'avril 1751, le maire, dont la santé n'était pas très forte, donna sa démission sous la réserve de toucher ses gages annuels ; la démission fut acceptée et Simon Poiret se retira dans sa maison de la Grande-Rue (rue St-Aspais) où il vécut souffrant pendant 14 années.

Ses obsèques « furent très suivies ».

Guérin d'Espinet (Etienne-Francois), doyen des conseillers du baillage a été nommé maire le 18 avril 1751.

A l'occasion de la naissance du duc de Bourgogne, le Dauphin, des grandes fêtes eurent lieu dans toute la France et, à Melun, la municipalité imagina des réjouissances peu ordinaires.

On avait aligné des chandelles sur les bords des fenêtres de divers établissements et, le soir, quand elles furent allumées, l'allégresse était générale.

Deux jeunes filles de la ville, désignées par le maire et les échevins, ont été mariées ce jour-là et ont reçu chacune une dot de 3oo livres. — Cette somme fut prélevée sur le produit des « tailles ». — Le soir, il y eut un festin dont la ville acquitta les frais.

A titre de curiosité, voici le détail de ce repas qui fut très copieux :

Note payée par la Ville

Remboursement de la viande achetée par les futurs . . .	9 livres
Fourniture de 32 livres de viande à 8 sols	12 16
Farine et le nécessaire pour la pâtisserie	3
30 pintes de vin à 8 sols . . .	12
4 salades à 10 sols.	2
12 pains de 4 livres à 10 sols.	6
6 cervelas à 4 sols.	1 04
1 pain de 8 livres	1
Pour peines et salaires. . . .	10
Total	57 liv.

On vivait à bon marché à cette époque ; la viande valait 8 sols la livre, le vin 8 sols la pinte, le pain de 4 livres 10 sols, ou 2 sols 1/2 la livre, un poulet 18 sols, un gigot de mouton 2 livres, une bouteille de bon vin de Macon 1 livre, de Champagne 2 livres, de bon vin ordinaire 6 sols.

Seulement les salaires étaient peu élevés et un bon ouvrier en maîtrise gagnait tout au plus 750 livres par an, soit 40 et quelques sols par jour.

En 1754, le 21 avril, Lefébure des Boul-
leaux (Georges), président au Châtelet, devint maire en remplacement de Guérin
d'Espinet.

L'année suivante, il eut maille à partir
avec l'Intendant de la province qui demandait à la ville, malgré que l'Etat per-
cevait les octrois, de faire les réparations
du pavage sur les routes royales.

Le maire et les échevins résistèrent de
toutes leurs forces et, à cet effet, ils réunirent les notables de la cité dans une assemblée spéciale, le 15 mai 1755.

Il fut décidé qu'une lettre serait adressée au gouverneur de la province, et elle
fut rédigée séance tenante.

Dans cette requête il était dit que : « le
nombre des habitants avait considérable-
ment diminué. ainsy que le commerce depuis vingt ans... Que la ville payait, en
1742, une « taille » de 8,000 livres, qu'elle
était portée, depuis 1748, à 10,000 livres
et que, de plus, il était imposé à la ville
une somme de 400 livres pour l'enlèvement des boues ; 250 livres pour la fourniture de bois du corps de garde et le lo-

gement des gardes-françaises de passage ;
170 livres 5 sols pour l'annuel des offices
municipaux ; 200 livres pour le loyer d'une
maison servant de caserne à la maréchaussée, ce qui formait un total de 970
livres 5 sols, sans le quartier d'hiver et la
capitation de 4 sols par livre et industrie.

L'Intendant ne voulut pas entendre les
justes raisons des officiers municipaux et
conseilla de créer des ressources nouvelles ; la ville de Melun fut autorisée à per-
cevoir, pendant 12 années à partir du 1er
janvier 1756, un octroi de 1 sol par muid
de vin et 3 sols par muid d'eau-de-vie ou li-
queurs passant sous les ponts.

La recette fut consacrée à la réfection
des routes royales, entretenir les fortifications et à la construction d'un port.

Le supplément de la somme exigée annuellement était prélevé sur les habitants par des droits sur les fourrages, le
vin et la viande.

Le 13 avril 1760, Lefébure des Boul-
leaux quitta la mairie et céda la place à
Ravault (Robert-Jean), conseiller du roi.

Quelques semaines après son installation, l'église des Récollets (hospice) fut incendiée par la foudre tombée dans la nuit du 19 au 20 juillet.

Le lendemain du sinistre, le Saint-Sacrement, qui avait été miraculeusement conservé, fut porté en grande pompe dans l'église Saint-Liesne, située dans le haut de la côte, où se trouve aujourd'hui la rue des Fabriques.

Le seigneur de Vaux-le-Pénil, Messire Michel-Louis Fréteau, conseiller du roi, assistait à la cérémonie.

A la fin du règne de Louis XV, Melun et les environs commencèrent à s'embellir, les pavillons de Sainte-Assise, Bouret, les châteaux de la Rochette et de Vaux datent de cette époque.

Dans les plaines incultes de la Rochette, Moreau, fermier du roi, fit planter les magnifiques bois qui existent encore de nos jours.

Eicher de la Rivière (Georges), notaire, fut nommé maire le 25 juin 1765, mais il n'accepta pas ; alors un mois plus tard, le 25 juillet, ce fut Moreau de Maison-Rouge (Pierre-Clair-Antoine), lieutenant particulier, qui s'installa dans l'hôtel de ville.

Cette période ne fut pas heureuse pour les melunais.

L'hiver avait été rude, la Seine gela et, quand la débâcle arriva, le Pont-aux-Moulins fut très endommagé, ce qui nécessita de fortes dépenses pour les réparations.

Les accapareurs de blés commençaient leur triste négoce, la fameuse société Malisset, qui venait d'être fondée, avait des agents qui parcouraient les marchés pour acheter les blés.

Quand les greniers de ces marchands furent remplis et la plupart des marchés dégarnis, ils firent la hausse des grains à leur volonté.

La cour fermait les yeux sur ces manœuvres criminelles, encourageant par son silence ces affameurs du peuple qui, probablement, alimentaient la cassette royale avec des bénéfices si tristement acquis.

Les esprits français fermentaient et les auteurs du *pacte de famine* furent les seuls, par leur inhumaine âpreté, cause de la Révolution française qui devait éclater quelques années plus tard.

Les hommes de 89 naissaient à cette époque!

En 1768, le 29 juin, Moreau de Maison-Rouge ayant abandonné l'hôtel de ville, la place fut offerte à nouveau à Me Eicher de la Rivière qui, cette fois, accepta.

C'était un notaire qui avait acheté, en 1736, sa charge à Pierre Leclerc, ancien maire, et qu'il devait revendre 40 ans plus tard à Nicolas Chamblain, premier maire de la Révolution. (*Etude de Me Aubergé*).

C'est sous son administration que furent installés les premiers reverbères dans les rues de la ville.

Cette installation ne se fit pas sans difficultés : d'abord une première fois, les dépenses évaluées à 600 fr. atteignirent le double des prévisions, on supprima l'éclai-

rage et les melunais durent reprendre
leurs antiques falots quand ils circulaient
la nuit dans la cité.

On essaya d'accrocher des lanternes
munies de chandelles dans les rues,
mais cet éclairage primitif, peu pratique,
fut abandonné en 1775.

Ce n'est qu'en 1785 que les réverbères
furent définitivement installés à Melun —
il y en avait onze — et, pour couvrir les
frais annuels d'entretien et de fournitures,
on imposa les propriétaires d'immeubles
en façade sur la voie publique à payer 15
sols par toise.

En 1768, l'hiver étant très rigoureux, le
nouveau maire demanda et obtint l'autorisation de démolir les portes de Paris et
de Bierre afin d'occuper, à ces démoli-
tions, les ouvriers sans ouvrage.

L'année suivante, les restes de l'ancien
château royal furent rasés, à l'exception
d'un mur qui bordait la Seine et d'une
tour, qui existe encore aujourd'hui au
coin du port.

Le vieux Melun disparaissait ainsi tous

les hivers ; en 1771, la porte des Carmes tomba à son tour sous la pioche des démolisseurs et les fortifications furent comblées afin de permettre à la cité de s'étendre *extra muros*.

Godin (Alexandre-Léon), succéda à Eicher de la Rivière, le 31 octobre 1771.

C'était le doyen des notaires de la ville.

Il avait acheté son étude en 1721 et l'a conservée jusqu'au 7 mars 1774, jour de sa mort, il avait donc cinquante années de notariat quand il fut nommé maire de Melun.

Son étude est, aujourd'hui, tenue par Mᵉ Féron, rue du Palais-de-Justice.

Un an plus tard, le 9 novembre 1772, il quitta la mairie et fut remplacé par Lévêque (Pierre-François), conseiller du roi.

La gestion du nouvel officier municipal fut de courte durée, car il mourut six mois après, le 16 mai 1773.

La nomination de Pierre Lévêque avait été faite en vertu de l'édit suivant, publié par le roi en 1771, édit qui rendait encore une fois la charge du maire perpétuelle moyennant finance.

Nous octroyons l'office de notre conseiller maire en la ville et la communauté de Melun, auquel n'a été pourvu depuis sa création à présent casuel, à Pierre-François Lévêque qui a payé à la finance pour en jouir aux gages de 500 livres par an payables de six mois en six mois sur les revenus d'octrois et deniers patrimoniaux de la ville de Melun aux mêmes prérogatives qu'avaient droit les titulaires avant la suppression : Exemption du logement des gens de guerre, collecte, tutelle, curatelle, guet et garde milice tant pour lui que pour ses enfants.

Même la taille personnelle.

Louis.

Comme cela ne coûtait rien au gouvernement de payer les employés municipaux, les gages annuels furent ainsi fixés en même temps que le rétablissement des maires perpétuels :

Maire.	500 livres
Lieutenant du maire. . .	120 —
1ᵉ Echevin.	100 —
2ᵉ Echevin.	100 —
Assesseur	50 —
Procureur de roi	120 —

Receveur - syndic des de-
niers patrimoniaux . .   120   —
Greffier de l'hôtel de ville.   100   —
2 Valets de ville, chacun
40 livres.   80   —

La mort prématurée de Pierre Lévêque supprima toutes les conventions de l'édit et, dans l'impossibilité de trouver pour le moment un *nouvel acquéreur* de l'office, la ville fut dirigée par le lieutenant du maire et les échevins jusqu'en 1777 sous le contrôle de l'Intendant général de la province.

Cette tutelle suscita à la cour l'idée de redemander de l'argent à la ville et la municipalité provisoire eut à lutter contre le gouvernement afin d'éviter de nouveaux impôts.

Pour mieux démontrer au roi l'insuffisance des ressources pour faire face aux exigences du fisc, les officiers municipaux firent établir le budget suivant :

Budget de la Mairie de Melun en 1773

RECETTES

Diverses rentes foncières. 168 15

Octroi : 1 sol par muid de vin et 3 sols par muid d'eau-de-vie passant dessus et dessous les ponts, rapportant annuellement. . . . . 8,820 »

       Total. 8,988 15

DÉPENSES

Loyer de l'hôtel de ville . . . . . . 120 »
Enlèvement des boues . . . . . . 350 »
Entretien du pavé. . . . . 1,000 »
Bois, bougie, papier pour l'hôtel de ville. . . . . 300 »
Eclairage public . . . . 1,000 »
Loyer de la caserne des deux brigades de la maréchaussée. . . . . . . 600 »
Cuisine et réfectoire pour les troupes de passage . . . . 60 »
Bois, chandelles, billets de logement aux troupes de passage. . . . . . . 400 »
Redevances au domaine du Roy. . 20 »
Entretien des puits, fontaines, promenades et port. . . . . 1,000 »
Gages des officiers municipaux : maire, lieutenant du maire, échevins, valets de ville, tambour, etc. . . . . 1,050 »
Dépenses pour le service de la ville. 100 »

       Total. . . . . 6,000 »

Excédent de recettes : 2,988' 15 sous.

(Registres de l'hôtel de ville.)

La confection de ce tableau n'était pas très compliquée et les prévoyants administrateurs eurent soin de mentionner à l'Intendant général que l'excédent de recettes « devait être conservé pour les dépenses imprévues ».

Grâce à l'ordre et à l'équilibre de son budget, la ville de Melun n'eut pas à subir l'augmentation « de la taille ».

Quelques mois plus tard, une partie de « l'excédent de recettes » fut engloutie pour payer les frais d'une messe solennelle célébrée à St-Aspais pour la guérison du roi atteint de la petite vérole.

Les prières des melunais ne purent sauver le monarque qui mourait le lendemain même de la cérémonie, le 10 mai 1774.

Après onze mois de deuil officiel, des fêtes furent données à l'occasion du sacre et du couronnement du roi Louis XVI à Reims, les pauvres reçurent des vivres et un banquet de 50 couverts eut lieu à l'hôtel de ville.

Comme c'était la ville de Melun qui

payait tous les frais « l'excédent de recettes » dut être vite épuisé par ces dépenses imprévues.

Le 16 septembre 1776, le roi venant de Fontainebleau traversait la ville pour se rendre à Grosbois, il était accompagné du comte de Provence (plus tard Louis XVIII), du comte d'Artois (Charles X) ses frères et de M. de Luxembourg, capitaine des gardes.

La milice était sous les armes, les cloches sonnaient à toute volée, la foule était énorme à cause du marché et, quand le carrosse royal arriva à l'entrée de la ville, un immense cri de : *Vive le Roi !* sortit de toutes les poitrines.

Pendant que l'on faisait le relai, devant l'*Hôtel de la Galère*, les officiers municipaux voulurent saluer Sa Majesté et demandèrent la permission de la complimenter ; M. de Luxembourg leur répondit :

« Messieurs, le roi reçoit votre compli-
« ment et vous en remercie, mais il n'est
« point de l'étiquette de le débiter quand
« Sa Majesté est en chasse ».

Après cette leçon du protocole, le lourd

carrosse traîné par deux chevaux vigou-
reux monta la côte St-Barthélemy pour se
rendre à Grosbois pendant que les officiers municipaux, un peu décontenancés,
s'en retournaient à l'hôtel de ville escortés par la milice.

Hâtons-nous d'ajouter que le roi revint
à Melun en 1781, que cette fois il se laissa
haranguer et répondit même par quelques
paroles aimables à M. Romain qui était
maire à cette époque.

L'année suivante, le 26 mars 1782,
Louis XVI traversa encore une fois la
ville de Melun.

Aux compliments de bienvenue qu'on
lui souhaita, les échevins ajoutèrent une
magnifique corbeille remplie d'anguilles ;
le présent fit grand plaisir au monarque
qui avait déjà la réputation d'un gour-
met et d'un fort mangeur.

Ce cadeau coûta 30 livres à la ville.

Une importante manufacture de coton-
nades et de toiles peintes fut construite et
fondée dans le quartier St-Liesne, en 1775,
à côté du moulin Farineau qui, depuis, a

été transformé en une scierie mécanique, exploitée aujourd'hui par MM. Ganot frères.

Une maison semblable existait déjà dans la rue des Fabriques, une autre, plus importante, fut fondée, en 1794, sur le bord de l'Almont, près de la place Saint-Jean.

Ces manufactures, qui occupaient plus de cinq cents ouvriers, étaient une grande ressource pour le faubourg Saint-Liesne et elles causèrent un grand préjudice à ce quartier après leurs disparitions, par suite de la concurrence étrangère, vers l'année 1825.

Une de ces fabriques sert aujourd'hui de quartier d'infanterie, sous le nom de caserne Breton.

Cependant, le gouvernement ne pouvait arriver à trouver un maire perpétuel(?) moyennant finances ; après diverses démarches infructueuses, il se décida à nommer un titulaire ayant la gratuité de la place et, le 7 juillet 1777, Simon de Valbel (Pierre-Marie), avocat, président en l'élection, était nommé maire de la ville de Melun.

En 1778, on créa une compagnie de grenadiers qui fut adjointe à la milice melunaise. Puisque nous parlons de la milice, il n'est pas sans intérêt de rappeler comment elle était composée.

On la recrutait parmi les habitants de la ville absolument comme se recrutait la garde nationale dans les dernières années du second empire.

Les miliciens nommaient eux-mêmes leurs officiers par l'élection.

A Melun, la milice était composée de six compagnies de quatre-vingts hommes chacune.

Ces compagnies étaient formées par quartiers et avaient toutes leurs surnoms :

LA COLONELLE comprenait les rues St-Aspais jusqu'à l'extrémité du faubourg des Carmes.

LA LIEUTENANT-COLONELLE : les rues de la Juiverie, aux Oignons et le faubourg Saint-Liesne.

La cité : toute la paroisse St-Etienne.

La royale : place de la Pointe, rue des Potiers, rues Neuve, du Miroir et du Presbytère.

Les francs-bourgeois : Rues au Lin, de la Geôle, Marché-au-blé, faubourg St-Barthélemy.

Les cordons-bleus : toute la paroisse Saint-Ambroise.

Lors de la transformation de la milice en garde nationale, en 1789, on y adjoignit une compagnie d'artillerie pour le tir de deux petits canons que M. le duc de Praslin, propriétaire de Vaux-le-Vicomte, avait cédés à la ville.

C'est de cette époque que date la création de la caserne de cavalerie, si longtemps réclamée par les habitants.

Par suite de querelles religieuses et de mauvaises gestions administratives, les monastères des Visitandines et des Ursulines disparurent en 1767 et 1772.

Les frères de la doctrine chrétienne firent l'acquisition du couvent des Ursulines, en façade sur la rue St-Ambroise, où

ils restèrent jusqu'à la suppression des
ordres religieux de 1791.

Dans le couvent de la Visitation, en face
la Seine, derrière l'église St-Ambroise, on
créa un dépôt de mendiants et, comme le
Châtelet de l'entrée du Pont-aux-Fruits
avait été vendu par le domaine royal en
1773, les tribunaux et la prison y furent
également transférés.

Cela resta ainsi jusqu'en 1818, date de
la prise de possession du palais de justice
au couvent des Carmes.

Dans le reste des bâtiments, une caserne
fut aménagée et, au mois de juillet 1780,
deux escadrons de dragons de La Roche-
foucault vinrent y tenir garnison.

Ce fut un événement et une grande joie
pour les habitants ; les brillants uniformes firent sensation et bon nombre de melunais ne manquaient pas d'aller les voir
faire leurs exercices à l'endroit où se
trouve aujourd'hui la place Praslin, lequel n'était pas encore exhaussé et servait de champ de manœuvres.

L'agrandissement de la caserne eut lieu
en plusieurs fois différentes : les cuisines

ont été installées dans l'ancienne église St-Ambroise démolie en 1791, quand on supprima la paroisse ; les cantines du quartier se trouvent dans l'ancienne chapelle St-Michel dont on peut voir encore un fragment de mur soutenu par un contrefort qui borde la rue de ce nom.

Plus tard, on construisit des bâtiments annexes sur l'emplacement de l'ancien cimetière du canton sud après son transfert au bout de ia rue de la Rochette.

Voilà l'origine de la caserne actuelle ; elle va bientôt disparaître, à son tour, pour faire place à un quartier neuf qui, espérons-le, servira à l'embellissement et la prospérité de la ville de Melun.

Le 27 juin 1781, le maire Simon de Valbel démissionna et Romain (François) le remplaça à l'hôtel de ville.

Les puissances d'Europe s'étaient coalisées pour secouer, sur mer, le joug des anglais qui prétendaient empêcher celles-ci d'aller appuyer la guerre d'indépendance américaine.

Pendant trois ans, nos marins maintinrent glorieusement l'honneur de notre drapeau dans différents combats navals.

L'enthousiasme populaire provoqué par ces faits, ainsi que le retour de Lafayette, avait été si grand que les villes, dépendant de la Généralité de Paris, décidèrent d'offrir un vaisseau au roi.

Le 7 juin 1782, la municipalité melunaise décida qu'une somme de 25,000 francs seraient donnée par la ville pour sa part de souscription.

Quand les habitants apprirent cette décision ils en furent frappés de stupeur et refusèrent d'approuver la délibération, se demandant, avec raison, comment la cité, déjà sans ressources, arriverait à payer cette contribution par trop excessive.

Heureusement que la paix, signée à Versailles en 1783, annula l'engagement des villes, à la grande joie des melunais qui fêtèrent la fin des hostilités par une fête admirable, le 14 janvier 1784, de sorte que le vaisseau tomba dans l'eau — c'est le cas de le dire.

Les bâtiments de l'hôtel de ville avaient subi plusieurs transformations depuis 1734.

Les séances du conseil municipal se tenaient dans une maison située dans la rue aux Oignons.

En 1781, la maison étant sur le point d'être vendue et le bail n'étant pas renouvelable, la municipalité se préoccupa de trouver un local plus vaste pour réunir les délégués des paroisses, et de loger les deux brigades de maréchaussée en résidence dans la ville.

Il se trouvait un vaste immeuble donnant sur la rue aux Oignons, comprenant un grand corps de bâtiment à trois étages.

L'acquisition en fut faite, moyennant une rente annuelle de 800 livres rachetable au denier vingt.

L'ancien local coûtait 600 livres par an, l'achat de la propriété, dans ces conditions, ne fût pas onéreuse pour la ville.

C'était une ancienne fabrique de toiles exploitée par un sieur Kœnig; on fit les appropriations nécessaires et, mobilier compris, cela coûta 4,200 livres.

Le rez-de-chaussée de la nouvelle mairie fut affecté à la maréchaussée.

On installa les écuries et la pompe à incendie dans la cour.

Au premier étage se trouvaient les bureaux et la salle du conseil.

Le deuxième étage fut réservé pour les logements des hommes de la maréchaussée.

L'hôtel de ville actuel remplaça l'ancien (1837-1848).

Gaston de la Ribellerie (François-Gabriel), succéda, le 28 février 1785, à M. Romain qui avait donné sa démission de maire le 23 avril.

En 1787, Melun fut désignée pour l'assemblée provinciale de l'Ile-de-France.

Des députés, au nombre de quarante-huit, vinrent de différents points de la province et la première séance eut lieu, le 11 août, dans la salle du premier étage du bâtiment municipal.

Les melunais accueillirent les députés avec joie ; aussi le maire et les échevins, pour en perpétuer le souvenir, firent graver une plaque de marbre commémorative.

Cette plaque existe encore à l'hôtel de ville.

L'hiver rigoureux de 1788-89, la cherté du blé, *le pacte de famine*, les abus du régime commençaient à échauffer les esprits français ; les idées de liberté grondaient, et le roi Louis XVI, qui n'osait pas tenir tête à l'orage qui s'amoncelait sur le trône, adressa des lettres de convocation aux Etats-Généraux et chaque ville fut appelée à formuler ses désirs.

Les melunais réclamèrent entre autres : l'exercice du pouvoir législatif, les suppressions de la dîme et la mendicité des moines, etc., etc.

Au mois de juillet suivant, la nouvelle arriva à Melun, que le peuple avait pris la Bastille ; la population si calme de notre cité, applaudit à cet acte de liberté et entrevit l'avenir sans aucune crainte,

On ouvrit dans les villes, des souscriptions patriotiques en faveur du gouvernement. Melun s'inscrivit pour la somme fabuleuse de 39,912 livres 18 sols 6 deniers, indépendamment des bijoux d'or et d'argent qui furent transportés à la monnaie.

Dans sa réunion l'Assemblée législative ordonna de procéder au renouvellement des maires par voie d'élection.

Tous les délégués des paroisses de la ville de Melun, vinrent voter à la mairie, le 4 février 1790, et sur 373 votants, M. Nicolas Chamblain, notaire (*Etude de M*e *Aubergé*), fut élu maire de la ville de Melun.

Le 21 février suivant, la milice et les arquebusiers ainsi que les troupes casernées, se réunirent à la suite d'un *Te Deum* chanté à Notre-Dame et M. Despatys, député, félicita M. Chamblain pour sa nomination.

A cette époque, les réformes se succédaient avec rapidité.

Au mois de décembre 1789, l'Assemblée constituante, voulant donner à la France une puissante unité, supprima d'abord les anciennes provinces et partagea la nation en 83 départements. L'Ile-de-France, dont Melun faisait partie, fut de ce fait fractionnée en six départements.

Chaque département fut également divisé en un certain nombre de districts.

La ville de Melun demanda à M. Tarbé, avocat à Sens, de monter une imprimerie et, lorsque le département prit définitivement le nom des deux principaux cours d'eau qui le traversent, le *Journal de Seine-&-Marne* fut fondé.

C'était une feuille hebdomadaire qui parut, avec l'autorisation du roi, le 8 mars 1790.

Le lundi, 23 mai suivant, les administrateurs des districts du département se réunirent à Melun, dans le couvent des Carmes (Palais de Justice), pour choisir la ville qui devait être le chef-lieu du nouveau département de Seine-et-Marne.

La lutte fut très vive, plusieurs villes voulant devenir préfecture, les compétitions étaient nombreuses.

Meaux se prévalait de l'importance de

sa population, de son évêché, de son titre
de capitale de la Brie.

Provins alléguait qu'elle avait eue l'ancienne résidence des comtes de Champagne.

Rozoy était sur les rangs, se targuant de
sa situation au centre du département.

Melun invoquait l'importance de ses affaires, sa situation au bord de la Seine, sa
population de 4,918 habitants.

Enfin, Nemours, Nangis et La Ferté-
sous-Jouarre briguaient aussi la préfecture.

Ces dernières villes furent de suite éli-
minées.

Les électeurs du district de Provins re-
noncèrent également à leur prétention et
se déclarèrent en faveur de Melun.

Meaux se désista la veille du scrutin,
prévoyant sans doute un échec en raison
de sa situation topographique.

Il ne resta plus en présence que Melun
et Rozoy.

Les partisans étaient acharnés de tous
les côtés. Melun avait pour elle les districts de Nemours, Provins et Nangis;

Rozoy avait La Ferté-sous-Jouarre et Meaux.

Sur 504 électeurs, il y eut 475 suffrages exprimés.

Voici les résultats :

Melun	239
Rozoy	231
Provins.	3
Nangis	1
La Ferté-s/s-Jouarre.	1
Total. . .	475

C'est donc avec 8 voix de majorité que Melun est devenue la préfecture de Seine-et-Marne.

Le surlendemain du vote, le 30 mai — ce qui prouve que les hommes de la Révolution ne laissaient pas traîner les affaires — le député Grossin faisait adopter à l'Assemblée nationale une proposition conférant à Melun le chef-lieu de l'administration du département.

La municipalité de Melun était ainsi composée : Nicolas Chamblain, *maire* ; Estancelin, Lemoust de la Fosse, Amyot,

Thierry de Vaucresson, Gilbert, Gittard, Métier et Doucet, officiers municipaux.

Le 14 juillet 1790, à l'occasion de l'anniversaire de la prise de la Bastille on célébra dignement la Fête de la Fédération. Melun fit une belle fête, une fête inoubliable ; les anciens melunais se souviennent d'en avoir entendu parler par leurs pères qui en avaient été témoins.

Voici le compte rendu du temps :

« Le corps municipal arriva à l'hôtel de ville à dix heures du matin.

« Un détachement de la garde nationale alla prendre le drapeau chez le commandant.

« Le cortège se mit en route pour la place d'Armes (St-Jean), les gendarmes en tête, ainsi qu'une compagnie de vétérans, l'épée en main, la compagnie des canonniers avec ses canons.

« Le maire et les officiers municipaux avec leurs écharpes tricolores, le receveur de la ville.

« Les dix-huit notables, deux compagnies de la garde nationale, 24 jeunes citoyens, dont le plus âgé avait 11 ans, portant la tenue des pupilles de la milice et un détachement des chasseurs de Lorraine en garnison à Melun pour fermer la marche.

« Le cortège traversa la ville au son des musiques et des tambours.

« Sur la place St-Jean s'élevait l'autel de la Patrie élevé sur une plate-forme par neuf marches en gazon, les symboles de la Paix et de la Guerre contribuaient à l'embellissement ; au sommet, des trophées de drapeaux avec le bonnet phrygien de la *Liberté*.

Une foule énorme était accourue des villages de Vaux, Voisenon, Maincy, le Mée, Dammarie.

« Des citoyens, des citoyennes de tout âge ; les vieux paysans, qui connaissaient les abus de l'ancien régime formaient un groupe à part, ils semblaient heureux de l'abolition de la monarchie ; quelques-uns élevaient leurs petits-fils dans leurs bras en criant :

« — *Regarde!.. et souviens-toi!*

« Le curé de St-Aspais, M. Dauphin, entouré du clergé, célébra le messe ; la foule chanta le *Veni creator* et le *Domine salvum*.

« Le curé de St-Liesne, M. Métier, prononça un discours empreint du plus grand patriotisme qui fit une grande impression.

20

« Le maire, Chamblain, prit à son tour la parole.

« Puis à midi précis, heure désignée par l'Assemblée nationale pour que toutes les municipalités de France fassent le même serment à la même heure, le maire gravit les marches de l'autel, le visage tourné vers le ciel, la main droite placée sur son cœur et la main gauche étendue sur la foule, il prononça un discours patriotique dont la formule avait été votée par l'Assemblée nationale :

« Nous jurons de rester à jamais fidèle à la nation, à la loi et au Roi, de maintenir de tout notre pouvoir la Constitution décrétée par l'Assemblée Nationale et acceptée par le Roi ; de protéger, conformément aux lois la sûreté des personnes et des propriétés, la libre circulation des graines et des subsistances dans l'intérieur du royaume et la perception des contributions publiques sous quelque forme qu'elle existât, de demeurer unis à tous les français par les liens indissolubles de la Fraternité ! »

« Un cri immense retentit sur la place d'Armes :

« — *Nous le jurons ! nous le jurons ! Vive la Nation ! Vive le Roi !*

« Tous les bras s'étendaient vers l'autel de la Patrie, les trompettes retentissaient les tambours battaient aux champs, on entendait des décharges de mousqueterie, les larmes coulaient et des citoyens se jetaient dans les bras les uns des autres saluant l'aurore de la liberté.

« Le président du district, Marillier, gravit les marches et répéta le serment.

« Le commandant de la maréchaussée, M. Liénard, chevalier de Saint-Louis, et M. de la Roche, chef d'escadron du régiment des chasseurs de Lorraine, prêtèrent également le serment fédératif et le reçurent de leurs cavaliers et de leurs chasseurs.

« Un *Te Deum* termina la cérémonie, puis le cortège reprit sa marche.

« On remarquait que le corps du présidial, si à cheval sur l'étiquette, n'était pas venu à cette démonstration.

« Les honneurs de la journée furent pour la municipalité.

« Une table de 400 couverts fut dressée dans le cloître des Carmes et un banquet confraternel réunit le corps municipal et la garde nationale.

« Le soir, la ville fut illuminée.

« Il y avait des transparents lumineux devant les maisons des commerçants de la rue Grande et la rue aux Oignons sur lesquels on lisait : LA LOI ET LE ROI — EGALITÉ, DROITS DE L'HOMME, — UNION, FORCE, LIBERTÉ.

« Les bals commencèrent et on dansa jusqu'au jour. »

Telle fut à Melun, la première fête de la liberté, fête imposante et fraternelle qui marquait le premier enthousiasme d'un peuple libre.

Au mois de novembre 1791, le 15, on vota pour le remplacement du maire Chamblain, dont les pouvoirs étaient expirés.

C'est un propriétaire de Melun, Chapelle (Jean-André), qui fut élu par 205 voix sur 382 votants.

L'année suivante fut une année terrible pour l'histoire, les évènements se précipitaient d'une façon inquiétante ; à Melun, il y avait eu des émeutes sur le marché aux grains.

Dans les jours qui suivirent la fête de la Fédération de 1792, une armée de 30,000 hommes, armés et équipés, fut démandée aux départements voisins de Paris.

Au 10 août, le conseil de la commune de Melun proclama la suspension des pouvoirs du roi.

La frontière était menacée ; pour hâter la levée des volontaires, deux commissaires nationaux, Ronsin et Lacroix, sont envoyés à Melun par le pouvoir exécutif. La levée s'organise : trois compagnies de volontaires melunais, dont une de cavalerie, sont formées, armées et équipées ; les chevaux, les mulets et les voitures sont réquisitionnés.

En peu de jours les deux bataillons du district sont réunis à Melun, la population les acclame sur la place Saint-Jean d'où ils partent pour être dirigés sur le camp de Châlons, où se fait la concentration générale.

Le maire et les officiers municipaux siègent en permanence à l'hôtel de ville, ils exécutent les ordres des délégués Ronsin et Lacroix. Tous prennent l'initiative d'une contribution pour soulager les parents pauvres des volontaires.

La municipalité proclame, au son des tambours et escortée par la garde nationale, l'abolition de la royauté et la prise de Longwy, ainsi que les décrets de la Convention déclarant la *Patrie en danger*.

Au milieu de ces évènements, des élections avaient eu lieu à Meaux pour nommer les députés de Seine-et-Marne à la Convention nationale.

Onze citoyens furent élus ; parmi eux, Tellier, avocat au baillage de Melun.

Nous allons donner quelques notes biographiques sur ce député :

Tellier était né à Laon, en 1755 ; fils d'un hôtelier, il avait été reçu avocat au Parlement de Paris.

Il avait acheté une modeste charge à Melun, et demeurait dans la rue des Buffetiers, dans la maison appartenant aujourd'hui à M. Hugon.

Député aux Etats-Généraux en 1789, il fut élu député de Seine-et-Marne en 1792.

A la Convention, il vota la mort du roi Louis XVI sans appel ni sursis.

Chargé, par le Comité du Salut Public, de plusieurs missions à Lyon et à Chartres, il s'en acquitta heureusement et se suicida dans cette dernière ville dans les circonstances suivantes :

Des troubles s'étant produits dans

Chartres à l'occasion de la circulation des grains.

Les émeutiers forcèrent Tellier à taxer le pain malgré sa parole donnée.

Il céda, pour éviter une effusion de sang, mais le lendemain il se brûlait la cervelle après avoir rétracté son arrêté.

Dans son testament, il déclarait :

« Je meurs pour épargner un crime à « l'ignorance et à l'aveuglement... » et il ajoutait : « Je sors de la vie avec un hé- « ritage de probité que je transmets à « mes enfants, ainsi que je l'avais reçu « de mon respectable père. »

Quand la nouvelle de sa mort fut connue à Melun, elle causa une réelle stupeur, car Tellier était très aimé.

Le curé Métier, le futur démagogue, organisa une manifestation pour aller saluer la veuve et les enfants « d'un véritable homme de cœur! ».

Le 9 décembre 1792, Tarbé des Sablons (Sébastien-André), avocat-imprimeur, a été nommé maire par 262 suffrages sur 522 votants.

Ce M. Tarbé a joué un grand rôle dans la ville de Melun dont il fut un des maires des plus remarquables.

Pendant ses différentes gestions, il a été mêlé à de graves évènements qui lui valurent la haine des Jacobins, sectaires de la ville ; sa vie a été menancée et finalement il triompha de ses ennemis.

Nous donnerons, plus loin, quelques notes biographiques sur lui ; notes que nous avons recueillies dans les bouquins du temps.

A peine élu, il dut déployer beaucoup de courage afin d'obtenir l'élargissement de Duport, ancien membre de la Constitante et qui était détenu à la prison de Melun.

La Convention nationale vota, le 21 mars 1793, une loi pour installer des comités de surveillance dans les villes,

Ces comités étaient eux-mêmes placés sous la direction des représentants du peuple pour chaque département.

A Melun, ce fut l'ex-curé Métier qui devint le chef du comité de surveillance dont les séances avaient lieu dans le couvent des Carmes.

Dans ces conditions, le maire et les conseillers n'étaient plus que les enregistreurs des volontés des démogagues melunais.

Ces derniers, firent effacer les attributs de la royauté et de la féodalité sur les églises et les monuments.

Ils entretenaient la suspicion entre tous les citoyens, pour un oui pour un non on vous arrêtait et l'on vous dirigeait vers le tribunal révolutionnaire de Paris.

Ainsi, un menuisier fut mis sous les verrous pour avoir dit qu'il *pétait sur l'œil du Comité de surveillance*, on arrêta la femme d'un apothicaire qui avait déclaré que les prisonniers étaient des « honnêtes gens » une autre fut mise en prison parce qu'elle était la maîtresse d'un garde du corps.

On perquisitionnait les voitures et les diligences.

L'abolition des cultes fut ordonnée, on

fabriqua du salpêtre dans l'église St-Aspais et Notre-Dame devint un magasin à fourrages.

Au mois de novembre 1793, une inscription ainsi conçue, fut placée au-dessus du portail de l'église St-Aspais :

Le peuple français reconnaît l'Etre suprême et l'immortalité de l'âme.

C'est à ce moment que l'affaire Bailly, l'ancien maire de Paris, éclata.

Bailly avait quitté la capitale pour ne pas être arrêté par les membres du Comité du Salut Public auquel il était dénoncé.

Très lié avec le savant géomètre-mathématicien Laplace, et le sachant réfugié à Melun, il arriva dans notre ville, et se cacha chez son ami.

Il pouvait s'y croire en sûreté et à l'abri des vengeances des Jacobins, mais il y avait dans la ville des gardes nationaux parisiens, chargés du service des subsistances de la capitale, qui n'ignoraient pas que Bailly était hors la loi.

Un jour qu'il se promenait dans le jardin de l'ancien hôtel des gouverneurs de Melun dans l'île St-Etienne, il fut reconnu par un garde national qui s'empressa de le signaler au club révolutionnaire des Carmes.

On convint que son arrestation aurait lieu n'importe où on le rencontrerait.

Ignorant ce qui se passait Bailly qui se rendait le lendemain chez M. Despatys, rue Neuve, fut arrêté dans cette rue par deux gardes nationaux de Paris.

On le conduisit à la mairie ; là, le maire, M. Tarbé. essaya de le sauver en démontrant que sa conduite avait toujours été irréprochable, mais les gardes nationaux excitaient les melunais et des menaces furent proférées.

Sous peine d'être suspecté lui-même, le courageux maire se vit dans la cruelle nécessité d'abandonner Bailly au comité de surveillance qui le fit incarcérer dans la prison du quartier St-Ambroise.

Métier prévint les deux conventionnels, Dubochet et Maure, en mission dans Seine-et-Marne, ceux-ci accoururent à Melun et ordonnèrent le transfert de Bailly à Paris.

Le bulletin de réquisition écrit de la

main de Dubouchet existe dans les archives municipales.

Le voici :

LES CITOYENS, REPRÉSENTANTS DU PEUPLE, *soussignés, aux maire et officiers municipaux de Melun*, SALUT :

Citoyens, nous vous requérons et vous autorisons par ces présentes de remettre entre les mains du citoyen Pavie, aide de camp de la force armée de Paris, et commandant du détachement de la garde nationale parisienne, la personne du citoyen Bailly, ci-devant maire de Paris, arrêté et détenu à la maison d'arrêt de cette ville, lequel citoyen Pavie veillera à la sûreté du détenu, conjointement et de concert avec le détachement de la garde nationale de Melun qui sera commandée pour cet effet.

Fait à Melun, le 13 septembre 1793, l'an de grâce de la République.

DUBOUCHET.   MAURE aîné.

On sait que Bailly fut condamné à mort par le tribunal révolutionnaire et exécuté au Champ-de-Mars.

Tarbé des Sablons faillit payer de sa tête le zèle qu'il avait déployé pour sauver Bailly.

Sur les ordres de Métier, auquel les conventionnels venaient de déléguer des pouvoirs illimités, il fut arrêté comme suspect, mais l'ex-curé de St-Liesne n'osa pas l'envoyer devant le tribunal révolutionnaire tant M. Tarbé était vénéré dans la ville de Melun ; il le fit relâcher et le remplaça à la mairie par M. Estancelin (Louis-Nicolas), marchand mercier à Melun.

L'arrêté de sa nomination fut promulgué et signé par Métier — qui était le maître de la ville — en date du troisième jour du deuxième mois (brumaire) de l'an II (octobre 1793), il avait au préalable dissous le conseil de la commune.

Il s'était approprié tous les pouvoirs, il était à la fois curé constitutionnel, juge au tribunal civil, président du département et délégué des représentants du peuple.

La ville était terrorisée, il décrétait d'accusation ceux qu'il suspectait être ses ennemis, il fit violer les domiciles et dans l'hospice St-Jacques, transformé en prison, il fit incarcérer 200 habitants sur 4,000, soit un vingtième de la population.

Les voitures et les diligences étaient soumises à d'incessantes perquisitions.

Pendant tout le temps de cette terreur, les frontières étaient menacées et l'on faisait de nouvelles levées d'hommes pour la défense du pays.

L'abondance ne renaissait pas à Melun, la cherté des vivres persistait ; le pain était sur le point de manquer, le sucre, l'huile à brûler, l'eau-de-vie, le tabac et autres objets de consommation manquaient dans la ville.

Une société populaire, présidée par un cordonnier, fut fondée ; elle envoyait tous les jours des notes aux membres de la municipalité.

Dans une, remise le 5 ventôse de la même année, ils envoyèrent un échantillon de pain avec ces mots : *Voyez, goûtez et jugez !..*

Les séances de cette société étaient encore plus orageuses que celles du club des Jacobins.

Elle donnait des ordres précis à la municipalité ; elle demandait la démolition de l'église St-Aspais, l'abattage des croix, la police des marchés, empêchant aux pâtissiers de vendre des *petits pâtés* sous prétexte « que le beurre serait plus avan- « tageusement destiné à l'usage du sans- « culotte qui ne connaît pas l'art raffiné « de la cuisine ».

Elle demande la transformation des églises en *Temple de la Raison* et l'obser- vation de la loi du *maximum*, loi qui for- çait les paysans à accepter les assignats.

A l'occasion de la fête de Marat et Le- pelletier, qu'elle alla célébrer à Vaux-le- Pénil, la société populaire fit changer le nom du pont de bois construit à l'embou- chure de l'Almont.

On l'appelait alors le pont Gaillard, ce nom fut remplacé par celui de *Marat* qu'il a conservé jusqu'à nos jours.

Disons que ce pont a été reconstruit en maçonnerie en 1843.

Le plus curieux de tous les *ordres* qui furent donnés à la municipalité, ce fut, sans contredit, la dénomination des rues de la ville.

Voici le tableau comparatif des noms des rues et places, en 1794, avec les noms de 1897.

Rues :	Rues :
Saint-Barthélemy....	de la Montagne.
des Fossés........	de la Liberté.
du Palais-de-Justice ..	de la République.
de la Juiverie......	des Droits de l'Homme.
de l'Hôtel-de-Ville ...	de la Commune.
Saint-Aspais........	du Centre.
Guy-Beaudouin	Voltaire.
Jacques-Amyot	Jean-Jacques-Rousseau.
Saint-Sauveur......	de Philadelphie.
Barthel..........	des Sans-Culottes.
du Miroir.........	de la Loi.
Saint-Etienne......	de l'Ile.
Saint-Ambroise.....	de la Varenne.

Places :	Places :
de la Porte-de-Paris ..	de la Révolution.
Saint-Jean........	de la Réunion.
parvis Saint-Aspais ..	de l'Unité.
— Notre-Dame...	de la Nation.

La plus originale de ces dénominations est celle de la rue des Sans-Culottes (ancienne rue Malgouverne).

On lui donna ce nom en raison des nombreuses *stations* que faisaient les passants dans cette rue déserte, de là le nom de *sans-culottes*.

La rue Guy-Beaudouin reçut le nom de Voltaire en souvenir du séjour de l'écrivain chez son ami Thiriot qui habitait cette rue en 1719.

On affirme que c'est dans cette maison de la rue Guy-Béaudouin que Voltaire composa « dans une petite chambre isolée » *la Henriade*.

Les archéologues se basent, pour cette affirmation, sur une lettre autographe du poète, lettre qui a été vendue aux enchères à Paris, en 1886.

La population subissait le joug d'une poignée d'individus audacieux, elle supportait leurs vexations en silence, sans oser se plaindre ; il en fut ainsi jusqu'à *Thermidor*.

Alors, les terroristes devinrent plus calmes ; la société populaire chassa de son sein les membres les plus en vue pendant la terreur.

Métier, qui avait prévu la débacle, s'était enfui à Paris ; mais, arrêté, il fut ramené à Melun et outragé par la population qui l'acclamait naguère.

Incarcéré à la prison St-Ambroise, il

parvint à s'évader, se cacha et finit par se faire oublier.

On n'entendit parler de lui que vingt ans après, lorsqu'il mourut à Nemours où il s'était établi épicier.

Après la chute de Robespierre. l'apaisement se fit. M. Dauphin, curé de Saint-Aspais, revint d'Angleterre et reprit possession de sa cure. Les offices divins furent repris dans les églises, mais ils étaient célébrés dans les nefs latérales, les chœurs étaient réservés à l'administration. Elles ne furent rendues aux cultes entièrement qu'en brumaire an IX (novembre 1800), après l'abolition des fêtes décadaires.

C'est à partir de cette époque que la ville de Melun commença à se transformer; pour bien faire comprendre cette métamorphose, il nous faut retourner un peu en arrière. Voici, par ordre, les divers changements exécutés dans notre cité pendant la fin du XVIIIe siècle.

On combla les fossés des fortifications du quartier Saint-Ambroise. Ces fossés forment aujourd'hui le boulevard de ce nom.

En 1791. l'abbaye des St-Pères fut vendue moyennant 121,000 livres, en assignats ; le département acheta les bâtiments en 1809 pour y établir la préfecture actuelle ; en 1818, il fit l'acquisition de tous les terrains du couvent.

La maison des Capucins, en haut des Carmes, où se trouve notre collège, fut vendue le 22 octobre 1781 pour le prix de 26,700 livres, en assignats.

En 1792, le Châtelet qui obstruait l'entrée du Pont-aux-Fruits a été complètement démoli.

Quant à l'esprit de la population durant cette période, il était très gai : on n'arrêtait pas de danser et de festoyer.

Des réformes furent imposées, quelques-unes survécurent, d'autres, assez originales, méritent d'être signalées.

Ainsi, les propriétaires de bals, cafés et lieux publics étaient tenus de placer cette inscription à l'endroit le plus en vue de leurs établissements : « *Ici on s'honore du titre de citoyen* ».

Quelques-uns enchérissaient sur ces injonctions, un d'entre eux avait mis dessous : « *Ici on se tutoie* » et, sur la porte d'entrée cette anomalie : « *Fermez la porte S. V. P. !* »

Un épicier de la Grande-Rue commanda de mettre sur son enseigne : « *Laissez dire les sots, le savoir a son prix* » le peintre, involontairement ou non, écrivit bravement : « *Laissez dire les sots, le* savon *a son prix !* »

C'était un mot bien placé à la porte d'un épicier.

Plusieurs crimes, qui sont restés célèbres, ont été commis dans les environs de Melun pendant les dernières années du xviiie siècle :

Un assassinat de cinq personnes accompli par la bande légendaire des *Chauffeurs*, à Sermaize, près Bois-le-Roi, le 17 germinal an IV ; en floréal de la même année, le 8. le courrier de Lyon fut attaqué entre Lieusaint et la Fontaine-Ronde, le cadavre du conducteur, le malheureux Escoffier, fut ramené à Melun après la descente de justice ; durant le procès, des témoins melunais affirmèrent que les assassins étaient venus à cheval dans notre ville, qu'ils avaient descendu à l'*Hôtel de la Galère*, puis qu'ils s'étaient fait servir des consommations dans un café au coin de la rue de la Loi (du Miroir).

Ce ne peut-être que dans l'établissement tenu aujourd'hui par M. Legros-Doidy.

Les nobles et les prêtres laissés libres étaient soumis à une surveillance qui incombait à la municipalité.

Le gouvernement du Directoire avait assigné Melun à Joseph de Bourbon, prince de Conti; il habitait sur le quai (actuellement quai Pasteur) et devait se présenter à l'hôtel de ville à des jours fixés.

On comprend que ce noble prince souffrait d'aller s'humilier ainsi, c'est pourquoi il s'en affranchissait en payant à dîner aux officiers qui, de la sorte, constataient sa présence.

En prairial an VI, les tendances réactionnaires se manifestaient dans la ville;

la municipalité redoublait de zèle pour maintenir l'idée républicaine, mais ses efforts furent sans effet.

Les jours de la République étaient comptés. Après le 18 Brumaire, la nouvelle Constitution soumise par Bonaparte reçut l'approbation des melunais qui, comme tous les français, étaient enivrés par les victoires du futur empereur.

Durant les sept années qui restaient pour terminer le siècle, les maires de Melun furent changés dix fois ; comme nous avons relaté les principaux faits qui se sont passés dans notre ville pendant cette période, nous allons donner la liste des maires qui se sont succédés depuis 1793 jusqu'en 1800.

Après Estancelin, Tarbé, déjà nommé, entra à la mairie le 8 nivôse an III, mais la loi du 3 brumaire an IV ayant été votée, loi qui supprimait les maires pour les remplacer par des administrateurs municipaux ; Tarbé donna sa démission le 6 du même mois.

Duverger (Jacques (prédécesseur de Me

Féron, notaire), accepta la présidence des administrateurs municipaux, le 17 brumaire, mais démissionna à son tour cinq mois plus tard.

Le même jour, le 4 germinal (1796), Roussel (Alexandre), était nommé administrateur provisoire, il resta deux mois dans ses fonctions et fut remplacé, le 16 prairial, par Nicolas Charbonneau, un marchand de bois.

En 1797. Gilbert (Guillaume-Fiacre), avoué près le tribunal du district, est élu maire — car on avait rétabli le pouvoir municipal — son élection est annulée par la loi du 19 fructidor suivant, loi qui retire encore le titre de maire.

Charbonneau redevient administrateur temporaire, il est remplacé par Nicolas Passeleu, marchand mercier, le 21 vendémiaire an VI.

Liger (Simon-Germain), prend sa place. Un arrêté des consuls le suspend de ses fonctions en 1799.

Un homme de loi, Nicolas-Alexis Royer, est maire le 4 nivôse.

Enfin, Tarbé, déjà cité, est nommé par

le premier consul le 28 janvier 1800, mais il n'accepte pas.

Voici quelques notes, concernant M. Tarbé, puisées dans la *Biographie nouvelle des contemporains :*

Tarbé des Sablons (André), né en 1762, à Sens (Yonne); son père était imprimeur du roi et président du tribunal de commerce dans cette ville.

Son frère Charles fut député de la Seine-Inférieure à l'Assemblée législative en 1791.

Avocat à Sens, il quitta sa ville natale et vint à Melun où il monta une imprimerie.

Maire de cette ville au moment de l'arrestation de l'infortuné Bailly, il fit tout pour le sauver, mais la multitude s'opposa avec fureur à ses intentions.

Grâce à l'influence de son frère, il fut mis en rapport avec le premier consul qui le renomma maire de Melun en 1800. Conseiller général depuis l'an X.

En 1814, il fut nommé directeur général des douanes françaises; anobli par Louis XVIII, en 1817, il ajouta le titre de *des Sablons* à son nom de Tarbé.

A ces notes, parues en 1825, nous ajouterons que l'ancien maire de Melun fut conseiller général jusqu'en 1829 et qu'il mourut à Paris en 1837.

XIXe siècle

Au commencement de notre siècle, les attributions du maire furent réglées définitivement : les officiers municipaux s'occupaient de la confection du budget, de l'exécution de la loi sur la conscription et l'exécution des mesures de police ordonnées par le Préfet ; c'était, avec quelques modifications, comme de nos jours.

Un arrêté du gouvernement consulaire en date du 29 ventôse an VIII avait ordonné, dans chaque département, l'érection d'une colonne départementale sur laquelle devaient être incrits les noms des citoyens morts pour la Patrie.

Cette colonne, qui devait être élevée sur la place Saint-Jean, ne fut jamais exécutée. La première pierre avait été posée par M. Alexandre de La Rochefoucauld, premier préfet de Seine-et-Marne.

Quand on abandonna le projet, la médaille de bronze, qui avait été placée sous la pierre, fut retirée et déposée au musée de la ville où elle est encore.

Le 17 février 1800, les adjoints au maire sont créés et, le 25 mai de la même an-

née, M. Thierry (Jean-Baptiste-Charles).
notaire, est nommé maire de Melun par
arrêté du premier consul ; il gouverna la
ville pendant toute la durée de l'empire.

Thierry avait acheté, en 1797, l'étude
de notaire de M⁰ Lemoust de la Fosse ; il
l'a revendue, le 1ᵉʳ avril 1817, à M⁰ Desprez dont le fils, qui succéda à son père,
est mort il y a quelques années ; l'étude
est dirigée aujourd'hui par M⁰ Duguet.

Le 20 Juillet 1803, les bâtiments de
l'Hôtel-Dieu St-Nicolas, furent convertis
en prison pour les mendiants et les vaga-
bonds ; ce fut l'origine de la maison centrale de force, qui a été bâtie en 1812, sur
les terrains vagues de la Courtille. Elle a
été agrandie en 1821, en 1860 et en 1885.

A sa création, la Maison centrale recevait les hommes et les femmes ; en 1823,
les condamnées ont été transférées à Clair-
vaux (Aube).

Tous les fonctionnaires furent convoqués le 1ᵉʳ mai 1804 à la préfecture, où le
citoyen Lagarde, le nouveau préfet, leur
déclara qu'il avait reçu le vœu du pre-

mier consul, qui désirait «pour le bonheur de la France» avoir le pouvoir suprême et héréditaire dans sa famille.

Le plébiscite ouvert sur la question de
la fondation de l'empire, au profit de Napoléon Bonaparte, premier consul, donna
les résultats suivants dans chacun des
cinq arrondissements de Seine-et-Marne :

	Oui.	Non.
Melun	7,083	4
Coulommiers. . . .	3,755	»
Meaux.	9,663	8
Provins	4,934	»
Fontainebleau . .	8,114	1
Total . . .	33,549	13

Pendant les fêtes officielles, qui furent
célébrées le 20 mai 1804, un canonnier de
la garde nationale a été tué par un accident survenu sur la place Praslin durant
les salves d'artillerie tirées en l'honneur
du nouvel empereur.

Des fêtes analogues eurent encore lieu
le 3 juin, jour de la prestation de serment

de fidélité à l'empire exigé par le monarque.

Napoléon traversa la ville de Melun le 1er juillet 1804; il venait de Fontainebleau et se rendait chez le général Augereau à la Houssaie.

La population l'acclama et le maire lui adressa un pompeux discours.

Quand il eut terminé, l'empereur lui demanda si le corps des pompiers, nouvellement organisé, répondait aux services qu'ils devaient rendre à la population, puis il s'informa si les melunais étaient heureux d'avoir ses mamelucks pour garnison.

A ce propos, disons que les mamelucks ramenés d'Egypte par Bonaparte, tinrent garnison à Melun pendant toute la durée de l'empire; au licenciement de l'escadron, quelques-uns restèrent dans la ville, s'y marièrent et firent souche d'honorables familles qui existent encore aujourd'hui.

Au sacre de l'empereur, le 3 décembre

suivant, la municipalité inaugura le buste du souverain à l'hôtel de ville.

Au mois d'octobre 1805, le maréchal Augereau passa en revue, sur le champ de manœuvre dans la plaine de la Varenne, les quatre régiments réunis à Melun qui partaient en campagne après la rupture du traité de Lunéville.

De nombreux corps de troupes traversèrent la ville et la population reconduisit aux portes les mamelucks qui, eux aussi, faisaient partie de l'expédition.

Aussi leur fit-elle une véritable ovation lorsqu'ils furent de retour, le 15 février suivant, et de grandes fêtes furent données en l'honneur des vainqueurs d'Austerlitz.

Napoléon profita du traité de Presbourg pour consolider son pouvoir.

Il abolit le calendrier républicain, il autorisa les cérémonies religieuses en public, les processions et les convois.

L'enthousiasme fut à son comble quand on apprit l'entrée triomphale de Napoléon à Berlin, le 6 octobre 1806, et la victoire d'Iéna.

Pendant les moments où il n'était pas aux prises avec les puissances, Napoléon séjournait quelques mois au palais de Fontainebleau ; des chasses, des réceptions avaient lieu à la cour et les melunais voyaient souvent passer, en chaise de poste, le célèbre tragédien Talma qui venait de Brunoy, où il habitait, pour donner des représentations, devant la cour impériale.

Les guerres de l'empire n'ont pas empêché le développement de la ville de Melun.

Ainsi, en 1806, l'église de la paroisse de St-Barthélemy fut démolie, on ne conserva que le clocher qui servit au célèbre astronome Casini, pour ses opérations trigonométriques ; la ville l'acheta en 1835 et il fut restauré, tel qu'il est aujourd'hui, en 1858.

Des comédiens s'étaient constitués en société et, le 30 avril 1813, ils se rendirent acquéreurs de l'église du couvent des Carmes pour y créer une salle de spectacle.

Jusqu'en 1835 des représentations fure it données dans la nef principale qui avait été aménagée à cette effet; cette même année, le 11 juillet, la société la revendit à la ville qui y fit construire la salle de spectacle que nous avons actuellement.

Dans les bâtiments conventuels, conservés par la Nation, on y installa le collège communal, le tribunal et la maison d'habitation de l'état-major militaire où est aujourd'hui la maison d'arrêt et la gendarmerie.

Le siège de l'administration du département resta dans l'ancien couvent des Carmes jusqu'en 1818, époque où la préfecture fut transférée dans l'ancienne abbaye des Saints-Pères, de St-Barthélemy, qui avait été achetée par le département en 1809.

Le tribunal civil et criminel y fut établi également et resta ainsi jusqu'en 1876, où on le reconstruisit entièrement.

Voilà les transformations qui ont été faites dans notre ville pendant l'administration de M. Thierry, maire.

Naturellement, les victoires de l'empire furent fêtées dans la ville avec enthousiasme et chaque fois que des troupes passaient dans Melun elles étaient acclamées.

Cependant, les levées d'hommes imposées par l'empereur commençaient à épuiser le pays ; la jeunesse était sous les armes, les travailleurs des champs devenaient rares et on ne voyait plus que des vieux ouvriers dans les ateliers.

Après la campagne d'Espagne, l'étoile de Napoléon pâlit ; ses premiers revers avaient découragé les plus braves et les réfractaires étaient nombreux à tel point qu'en 1811, des colonnes de mobiles parcouraient les campagnes pour forcer les jeunes gens à se rendre à l'armée.

En 1814, la France était envahie.

L'armée du prince Schwazemberg marchait sur Paris en suivant les rives de la Seine dans la direction de Melun.

Le général Pajol, qui commandait une division française, arriva dans notre ville le 21 janvier et équipa la garde nationale ; deux jours après, il partait dans la direction de Montereau, mais avant son départ il avait fait couper l'arche du Pont-aux-Moulins et créneler les maisons voisines ; quatre cents gardes nationaux melunais étaient postés pour la défense de ce passage.

Un arrêté préfectoral, en date du 11 février, ordonnait la levée en masse.

Conformément aux ordres du maréchal Oudinot, qui était à Mormant, le général traversa la ville avec ses troupes, se repliant sur Paris par Brie-Comte-Robert.

Des cosaques et des éclaireurs autrichiens, avançaient sur les deux rives de la Seine.

Quelques gardes nationaux, postés dans le moulin à vent de St-Liesne, dont on voit encore les ruines sur la route du Châtelet, avaient tiré sur des hussards wurtembergeois, mais ils durent se replier.

On avait fait des barricades à chaque entrée de la ville, car les melunais étaient disposés à défendre leur cité.

A St-Liesne, aux Carmes, à Saint-Barthélemy des voitures renversées barraient les rues, laissant seulement un passage

pour les piétons ; dans St-Ambroise, on
avait établi des chevaux de frise — char-
pentes sur lesquelles sont fixés des bois
taillés en fuseaux.

Ce fut le 15 février que les premiers cavaliers ennemis entrèrent dans la ville ;
quelques hussards, plus hardis que les autres, descendirent la côte St-Liesne, fran-
chirent la barricade par le passage réservé
et vinrent demander à boire dans le caba-
ret du coin de la rue de l'Eperon (tenu aujourd'hui par M. Cheutin); des fantassins
français, sans armes, s'y trouvaient. Tous
burent largement et quand les wurtembergeois remontèrent en selle, ils étaient
ivres.

Un à un ils repassaient par le passage
de la barricade de St-Liesne quand un
coup de fusil, tiré par un inconnu, étendit
raide mort le dernier qui allait disparaître.

Sans s'occuper de leur camarade, les
autres hussards piquèrent des deux pour
regagner leur camp dans la plaine St-
Liesne.

On jeta le cadavre du wurtembergeois
par-dessus le pont de l'Almont, et on l'en-
terra dans le terre-plein qui existe au bas
de l'hôtel *St-Nicolas*.

Le lendemain de cet incident, un détachement de cavalerie ennemie pénétra
dans la ville ; l'officier se présenta à l'hôtel de ville et demanda aux maire et adjoints une somme exhorbitante.

Ils s'efforçaient de lui démontrer le peu
de ressources de la ville, quand tout à
coup des cris de : *Vive l'empereur ! Vive
la France!* et des cliquetis d'armes se font
entendre, puis un officier de dragons français se précipite sur le wurtembergeois.

Fait prisonnier, son escorte eut peine à
s'échapper ; des hussards galopaient dis-
persés dans les rues, l'un d'eux poursuivi
par un officier de dragons, se retourna au
moment où le sabre de ce dernier allait
l'atteindre et tira sur le français ; l'arme
rata, mais le dragon, d'un coup de *latte*,
étendit l'étranger à ses pieds.

Ce coup de main était dû au patriotisme
d'un ancien militaire nommé Debeyne,

entrepreneur de voitures publiques à St-Barthélemy.

Quand il apprit que l'ennemi était à l'hôtel de ville, il se rendit en toute hâte dans les bois de Montaigut où campait un détachement de dragons de l'avant-garde de la division Pajol ; immédiatement, les cavaliers français étaient accourus.

Après ce coup de main, Pajol et ses cavaliers traversa encore une fois Melun pour se rendre à Montereau où, le 18 février, il se couvrit de gloire en faisant exécuter par ses dragons une charge qui culbuta les wurtembergeois dans le fleuve.

Ce glorieux fait d'armes fit rétrograder les troupes ennemies jusqu'à Fontainebleau en suivant la rive gauche de la Seine, les cosaques parurent alors à Saint-Ambroise et vinrent se heurter contre les chevaux de frise établis à la porte de Bierre.

Au cri de : « *Qui vive !* » poussé par un garde national, ils répondirent par des coups de pistolets tirés sur la barricade, puis ils tournèrent bride et galopèrent dans la direction de la forêt.

De nombreux prisonniers, fait à Montereau et dans les environs, passèrent dans la ville et plusieurs cadavres charriés par la Seine furent retirés et enterrés sur les bords du fleuve.

Le 28 mars, les troupes du maréchal Marmont firent étape à Melun.

Cependant l'envahisseur avançait et s'acheminait en masse vers la capitale ; il fut reçu à coup de fusils par les gardes nationaux qui défendaient les barricades aux entrées de la ville.

N'étant pas en force, ils se replièrent dans St-Ambroise après avoir démoli une seconde fois l'arche du Pont-aux-Moulins que le général Alix avait fait rétablir pour le passage de ses troupes qui devaient opérer sur la rive gauche.

Le 29 mars, au matin, les cosaques installés dans St-Barthélemy ouvrirent le feu, avec plusieurs pièces de canon, sur des détachements français qui étaient retranchés dans St-Ambroise.

Des maisons bordant la Seine nos soldats ripostaient; mais le 6ᵉ lanciers, qui campait sur l'emplacement du Pré-Chamblain, éprouva quelques pertes et dut se replier derrière la caserne St-Ambroise.

Pendant cette lutte, qui dura trois jours, la population affolée apprit avec stupeur que le maire et les adjoints avaient déserté la ville honteusement. Tous auraient fatalement perdu la tête et abandonné leurs maisons, si M. le comte de Plancy, préfet de Seine-et-Marne, n'avait pas conservé son sang-froid.

Aussitôt qu'il eut apprit la disparition de la muicipalité, il prit l'arrêté suivant :

Melun, 30 mars 1814.

Considérant que M. le maire de Melun est parti de cette commune depuis le 29 à 7 heures du matin, qu'il n'a désigné aucun de ses adjoints pour le remplacer, considérant que ses deux adjoints sont également partis, arrêtons ce qui suit :

Cinq notables administreront la ville; il leur est conféré, à cet effet, par le présent arrêté tous les pouvoirs du maire.

(Signé :) Comte DE PLANCY.

(Extrait du registre des arrêtés du préfet).

Noms des cinq notables désignés par le préfet :

Lajoye (Hubert), docteur en médecine ; Chamblain, notaire ; Tournemine, avoué ; Dulac et Lestang, notaire (prédécesseur de M⁰ Godillon).

Ils dirigèrent la ville de Melun jusqu'au 2 mai suivant.

Le 5 avril, on placarda, en ville, un avis annonçant la suspension d'armes ; le Pont-aux-Moulins fut rétabli et les russes firent leur entrée dans St-Ambroise.

Des réquisitions eurent lieu, dans Melun, d'après les ordres du général Kaissaroff : la ration journalière à fournir à chaque homme par les habitants était de deux livres de pain, une demi-livre de viande et une demi-bouteille de vin.

Un cheval avait droit à 8 litres 1/3 d'avoine, plus 10 livres de fourrage et la paille nécessaire pour le coucher.

Tous ces bons de réquisitions existent dans un volumineux dossier, concernant le séjour des troupes ennemies en 1814. D'après ces bons, il est permis de juger que le général russe et son état-major faisaient bombance.

En voici un original que nous reproduisons littéralement :

Pon pour une petite cochon de lai pour la guisine du général.

Melun, le 27/15 avril 1814.

Le commissaire,

DINGILSCHTETT.

A Melun, quand la nouvelle arriva que le Sénat avait proclamé la déchéance de l'empereur Napoléon et de sa famille, et délié le peuple français ainsi que l'armée du serment de fidélité, plusieurs habitants arborèrent la cocarde blanche et le 2 mai, le maire Thierry et ses adjoints, qui étaient tranquillement revenus prendre leurs postes à la mairie, après avoir adressé des remerciements à la commission municipale, rédigèrent l'adresse suivante qui fut portée au palais des Tuileries, à Paris, par plusieurs membres du conseil de la commune.

Voici cette adresse qui a été votée au conseil dans la séance du 3 mai 1814.

Sire, la Providence a daigné mettre un terme aux longues calamités de la Patrie, et le retour de Votre Majesté dans sa capitale fait enfin briller pour la France l'aurore de la félicité publique.

En remontant au trône de ses ancêtres, à ce trône antique, entouré de tant de souvenirs, Votre Majesté apporte à son peuple la paix et et l'espérance, noble présent d'un monarque qui vient régner en père et qui, sur les ruines sanglantes du despotisme, veut jeter les fondements inébranlables de l'édifice sacré des lois...

Louis XVIII accueillit la commission melunaise avec bonté et répondit :

« Je suis sensible à vos sentiments, je sais quelle a été, dans le temps, votre conduite et vous en recevrez la récompense ».

A l'occasion du service funèbre célébré en 1815, le 21 janvier, jour de l'anniversaire de la mort de Louis XVI et de Marie-Antoinette, le conseil municipal exprima à nouveau au roi ses sentiments d'amour, de fidélité et de dévouement.

Mais, quelques semaines plus tard, quand Napoléon débarqua du golfe Juan, le patriotisme se réveilla aussitôt, car le souvenir des victoires n'était pas éteint et les melunais souhaitèrent hautement le rétablissement de l'Empire.

Un meurtre commis par un officier d'un régiment de cavalerie qui traversait la ville pour barrer la route à l'empereur, qui approchait de Montereau, jeta la consternation dans la cité :

Des habitants de St-Liesne regardaient défiler les cavaliers quand le cri de « *Vive l'Empereur* » partit d'un groupe, aussitôt l'officier s'approcha et frappa plusieurs personnes avec son sabre ; sa fureur était telle qu'il traversa de part en part un nommé Liesne Bertignault qui mourut instantanément. Une fois le meurtre accompli, l'officier piqua des deux et rejoignit le régiment en haut de la côte.

Ce meurtre exaspéra la population, aussi attendait-elle avec impatience l'arrivée de Napoléon, on savait qu'il avait couché, le 18 mars, à Sens ; le 20, quelques habitants allèrent à Fontainebleau, à cheval, et annoncèrent, à leur retour, que l'empereur était au Palais de cette ville.

On s'apprêtait à le recevoir, mais Napoléon qui était pressé de rentrer à Paris, apprenant la fuite des Bourbons partit de Fontainebleau en chaise de poste, traversa Melun comme une trombe, sans que la population ait eu le temps de s'en apercevoir et arriva à Paris à 9 heures du soir.

M. de Plancy, préfet, fut maintenu à son poste et, le 18 avril suivant, la députation melunaise qui avait été salué Louis XVIII porta une adresse à Napoléon 1er, adresse qui était à peu près rédigée dans les mêmes termes que celle du roi.

On connaît la défaite de notre héroïque armée à Waterloo ; vers la fin de juin, il en passa quelques débris à Melun ; les cosaques les suivaient et, dans les premiers jours de juillet, l'ennemi revint une seconde fois dans notre ville.

Le maire Thierry, démissionna à la fin d'avril et, le 2 mai 1815, Passeleu (Nicolas), ancien mercier, qui avait été maire en 1798, fut renommé provisoirement.

Quelques jours après, M Chamblain, fils du premier maire de la Révolution, était également nommé à titre provisoire et définitivement le 1er août suivant.

M. Passeleu, qui était retiré des affaires, habitait une gentille maison sise sur le quai d'Alsace-Lorraine ; après la Révolution, il resta dans le conseil municipal et le gouvernement impérial le nomma juge au tribunal de Melun.

En 1841, il fut élu conseiller général du canton nord de Melun et il siégea à l'assemblée départementale jusqu'à sa mort (presque à la fin de son mandat) en 1845

Au retour des Bourbons, le drapeau blanc avait remplacé encore une fois le drapeau tricolore devant l'hôtel de ville et le conseil municipal adressa une nouvelle protestation de fidélité et de dévouement à Louis XVIII à l'occasion de « son nouveau retour sur le trône de ses ancêtres ».

Les troupes alliées étaient installées chez les habitants et commandées par le général Marcoff.

Une grande revue fut passée à Melun,

le 29 août, par Alexandre Ier, empereur de Russie.

Le tzar reçut un accueil très chaleureux et les melunais tapissèrent le devant de leurs maisons avec des draps ainsi qu'ils avaient coutume de le faire le jour de la Fête-Dieu.

Les autrichiens succédèrent aux russes, le 4 septembre, et, le lendemain, l'empereur d'Autriche, Joseph II, arriva à Melun.

Il résida trois semaines dans notre ville.

La municipalité, chargée de lui procurer une habitation, avait choisi la maison du docteur Lajoye, rue la Juiverie, où se trouve aujourd'hui l'école communale des filles, mais, le jardin étant trop petit, on préféra la propriété de M. Despatys, procureur impérial, rue St-Barthélemy.

Cette maison, en bordure sur la rue, a été détruite en 1846, pour faire place à un vaste hôtel qui a été construit au milieu d'un parc magnifique.

C'est dans cet hôtel que l'école Saint-Aspais est actuellement installée.

Joseph II habita, avec une suite nombreuse, dans la propriété de M. Despatys.

L'empereur d'Autriche était un grand amateur de musique et jouait très agréablement de l'*alto ;* tous les soirs. les habitants de Saint-Barthélemy entendaient un concert d'amateurs dont faisait partie Sa Majesté ; l'artiste qui jouait la *basse*, dans le quintor impérial, n'était autre que le célèbre musicien Baccherini.

Tous les matins, à sept heures, l'empereur, vêtu d'une culotte courte et d'une capote grise, des bas de soie blancs mouchetés bleus, chapeau à cornes avec glands d'or, descendait la côte St-Barthélemy à pied et, accompagné seulement d'un aide de camp, il assistait à la messe dans l'église St-Aspais.

Quand il partit, au mois d'otobre, il remercia chaleureusement M. Despatys, dont l'air vénérable lui avait été extrêmement sympathique.

Quelques mois plus tard, il fit parvenir à l'ancien magistrat impérial une bague enrichie d'un diamant, à titre de souvenir et de remercîment.

Le 6 octobre, le corps d'armée autri-

chien commença l'évacuation et les melunais éprouvèrent un profond soulagement
en voyant partir les dernières troupes
étrangères après une occupation de trois
mois.

Hélas! cinquante-cinq ans plus tard,
l'ennemi devait encore séjourner dans
notre cité et nous tenir sous son joug
pendant une année toute entière!

Quinze jours après le départ des troupes alliées, les lanciers de la garde royale,
venant prendre garnison à Melun, faisaient
leur entrée dans notre ville; les habitants
fêtèrent les soldats français dont la présence allait être un élément de prospérité
pour le commerce local.

Le calme revint, le licenciement de l'armée avait rendu les travailleurs à l'industrie et les paysans à l'agriculture; le
nouveau régime prescrivait le repos du
dimanche, mais ne pouvant méconnaître
la justesse des plaintes qui lui étaient
adressées, le préfet de Louis XVIII, le
comte Germain, rendit, le 21 avril 1816,
un arrêté autorisant les maréchaux-fer-

rants de ferrer les chevaux des cultiva-
teurs les dimanches et fêtes sous la réserve expresse de ne point travailler
pendant les heures du service divin.

Le 16 juin suivant, le roi venant de
Fontainebleau, entra dans Melun se diri-
geant sur Paris; le cortège royal traversa
la ville au pas escorté par la garde nationale.

Pendant l'hiver 1816-17, la disette fut
grande à Melun; le blé valait sur le marché aux grains 60 francs le setier, la municipalité se multiplia pour prodiguer des
secours aux malheureux et la misère fut
épouvantable jusqu'à la récolte de 1817.

C'est à partir de cette époque que date
la transformation de Melun.

Le boulevard Saint-Ambroise, dont on
avait comblé les fossés de 1771 à 1780,
fut nivelé, aligné et on lui donna le nom
du maire en exercice, M. Chamblain. En
1829, on l'a transformé en pré, mais les
arbres ne furent plantés qu'en 1857.

A propos de l'ordonnance royale du 2
avril 1817 qui convertissait la Maison
centrale de Melun en maison de force, la

municipalité protesta en représentant à l'administration supérieure, les inconvénients d'établir une prison considérable au sein de la ville, et les dangers qui pouvaient en résulter en cas d'épidémie; l'administration fit la sourde oreille, heureusement, car on peut dire qu'aujourd'hui la Maison centrale est une source de revenus pour la ville de Melun.

Créée en 1812, augmentée en 1820 et 1860, elle a été agrandie en 1885. L'hôtel-Dieu Saint-Nicolas, établissement hospitalier qui se trouvait place Notre-Dame, a été démoli complétement en 1835.

Quant au collège, on l'avait installé, en 1803, dans l'ancien couvent des Carmes; en 1816, on le transféra dans la rue Neuve pour faciliter l'installation, en 1817, de la maison d'arrêt, de la gendarmerie et du tribunal qui étaient dans l'ancien couvent des Visitandines, dans Saint-Ambroise.

C'est en 1818 que commencent les travaux d'alignement dans la Grande-Rue; les maisons en encorbellement furent rescindées et formèrent ainsi des voies plus spacieuses.

Les halles, formées d'un tas de petites boutiques installées en face le *Coin Musard* (nom donné à la maison qui formait le coin de la rue aux Oignons et de la Grande-Rue, parce que les portefaix venaient s'y mettre à l'abri sous l'encorbellement), disparurent complètement et des maisons plus modernes furent construites à l'angle de la place du Martroy.

Puisque nous parlons des portefaix, disons qu'après la transformation de la maison où ils s'abritaient, ils se réunirent sur le Pont-aux-Fruits où on les voyait encore il y a quelques années.

Plus tard, un magasin de nouveautés prit le titre du *Coin Musard* et, aujourd'hui, cet établissement est devenu un des plus importants de la région.

Après la mort de Louis XVIII et l'avènement de Charles X, le conseil municipal exprima son dévouement au nouveau monarque par une nouvelle adresse qui débutait ainsi :

Sire, les maires, conseillers municipaux, fidèles interprètes des sentiments qui animent les habitants de la ville de Melun, déposent au pied du trône leurs respectueux hommages, etc.

(Délibération municipale du 21 septembre 1824.)

Six semaines après, M. Chamblain quittait la mairie et cédait la place à M. Bernard de la Fortelle, notaire (prédécesseur de M⁰ Chagot).

Suivant la voie du progrès qu'il s'était tracée, le conseil municipal projeta, en 1825, de construire des abattoirs pour affranchir la ville des tueries à domicile créées par les bouchers.

Cette idée ne reçut son exécution que quinze années plus tard, en 1840.

En 1828, le conseil municipal s'occupait de l'établissement d'un marché couvert, mais, hélas! ce projet fut moins heureux que celui des abattoirs, car il attend encore sa réalisation, au grand désespoir de nos ménagères melunaises.

Que nos pères ne l'ont-ils exécuté?..

Aujourd'hui que l'édification s'en impose de plus en plus, aucun conseiller municipal n'osera assumer la responsabilité d'un vote qui porterait la ruine dans l'un ou dans l'autre quartier de la ville.

En 1829, on commença la construction des quais avec une telle activité qu'ils étaient terminés dans les premières années du règne de Louis-Philippe.

Tout était à la joie, les affaires allaient bien quand éclata la Révolution de Juillet.

La nouvelle du départ de Charles X fut apportée à Melun par des officiers de hussards dont le duc de Chartres était colonel; il avait quitté Joigny, sa garnison, pour venir à Paris à la tête de son régiment.

A quatre kilomètres de Melun, il s'arrêta, n'étant pas certain de l'esprit de la population; ses officiers annoncèrent à la municipalité qu'à la suite des *trois glorieuses* journées de juillet le roi Charles X était détrôné et que Louis-Philippe venait d'être proclamé roi des français.

Cette nouvelle fut des mieux accueillies, d'autant plus que les chasseurs de la garde royale avaient quitté brusquement notre ville où ils ne vivaient pas en bonne intelligence avec la population.

Le duc de Chartres fut acclamé à son arrivée à Melun et, le soir, dans un banquet improvisé, on but à l'avenir de la branche cadette.

A son départ le prince royal salua le drapeau tricolore que l'on avait arboré à l'hôtel de ville en remplacement du drapeau blanc.

Quelques jours après, la municipalité melunaise, que l'on pourra peut-être trouver versatile, mais qui ne faisait en somme, que suivre les mouvements politiques, fit parvenir une adresse au roi dont voici la teneur :

SIRE, les habitants de la ville de Melun s'empressent de vous offrir l'assurance de leur fidélité et de leur entier dévouement.

Ils bénissent l'heureux jour qui, en vous élevant au trône, a sauvé la France du despotisme et de l'anarchie.

L'enthousiasme qui a éclaté à l'apparition dans leurs murs de votre bien aimé fils, le duc de Chartres, était un présage certain de l'assentiment qu'ils donneraient au grand œuvre qui vient de s'opérer.

Désormais le roi des français sera leur père : le maintien de leurs libertés sera sa loi, et la

France, enfin, verra que la Charte est une vé
rité.

(Registre des délibérations municipales.)

Le 2 juillet 1831, le roi Louis-Philippe
vint à Melun avec la reine, les ducs d'Orléans, de Nemours, d'Aumale et de Mont-
pensier; il passa la garnison et la garde
nationale en revue. Le soir, il y eut un
banquet à la préfecture et un bal au théâtre, auquel toute la bourgeoisie de Melun
avait été invitée.

Le 19 novembre suivant, M. Chamblain
reprit l'écharpe municipale pour la seconde fois, il ne la conserva qu'une année,
car, le 9 octobre 1832, il était remplacé à
l'hôtel de ville par M. Drouyn (Alexandre), ancien receveur général.

En compensation, les électeurs du canton nord de Melun le nommèrent conseiller général en 1833; il siégea jusqu'en
1839 dans l'assemblée départementale.

En dépit de la politique, la municipalité poursuivait sans relâche la régénéra-
tion de la ville.

Elle fit l'acquisition, en 1837, de l'ancien hôtel des Cens, contiguë au bâtiment

de la mairie; cet ancien couvent des religieuses de St-Denis fut payé 70,000 francs.

Propriétaire d'un bel emplacement, la municipalité résolut d'y construire un hôtel de ville.

Un premier projet fut présenté en 1839, mais, comme le devis dépassait 300,000 francs, le conseil le repoussa; cependant l'idée fermentait toujours et, en 1842, il décida que les travaux ne devraient pas excéder 120,000 francs.

En 1844, l'éperon de la Rochette, au bas des Carmes, construit par Bachot sous Henri IV et qui depuis la Révolution servait de jeu de paume aux melunais, fut démoli et les terres servirent à remblayer les bords de la Seine, le long de la route de Vaux qui est, aujourd'hui, avec sa double rangée de tilleuls, une de nos plus jolies promenades.

Vers la fin de l'année, le conseil municipal adopta le projet de M. Gilson, architecte de la ville, pour la construction d'une nouvelle mairie. Le devis s'élevait à 148,168 fr. 13 pour les bâtiments et 20,000 francs pour le mobilier.

Ce projet, accepté, ne reçut son exécution qu'en 1847.

Tout l'ancien couvent fut rasé à l'exception de la tourelle qui conduit aux bureaux et les bâtiments où se trouve le commissariat de police.

Pour la belle harmonie, M Gilson, contruisit une seconde tourelle de l'autre côté.

En 1848, l'inauguration en fut faite par M. Poyez, maire.

L'histoire de l'édification de l'hôtel de ville nous a forcément entraîné, nous sommes donc obligé de retourner un peu en arrière pour la nomenclature des maires de Melun.

En 1835, M. Delacourtie (Adrien-Joseph-Hippolyte), propriétaire, était élu maire et, deux ans plus tard, M. Bernard de la Fortelle, qui venait de céder son étude de notaire, dirigea la ville pour la deuxième fois.

C'est durant sa gestion qu'il écrivit, sur *Notre-Dame*, de Melun, un ouvrage très apprécié des archéologues.

Au bout de six ans, c'est-à-dire en 1843, c'était M. Clément, avoué (un prédécesseur de M⁰ Letavernier), qui prenait la direction de la mairie ; il y resta jusqu'en 1848.

Au lendemain de la fuite de Louis-Philippe, le 25 février, la municipalité remit ses pouvoirs au préfet, M. de Monicault, par une lettre très digne dans laquelle elle disait qu'en raison du changement de gouvernement elle « déposait ses pouvoirs « administratifs pour laisser, tant au gou- « vernement qu'aux habitants, l'initiative « qui devait leur appartenir pour la no- « mination des officiers municipaux ».

Il fallait pourvoir au remplacement de M. Clément, alors M. Oscar de Lafayette, député et petit-fils du célèbre général, qui était commissaire du gouvernement en Seine-et-Marne, choisit M⁰ Poyez, avoué, que l'opinion publique désignait pour ces fonctions ; sa nomination eut lieu le 6 mars 1848.

Avant de commencer la dernière période de l'*Histoire des Maires de Melun*, il est de toute justice de rendre hommage aux cinq administrateurs zélés qui avaient à cœur d'embellir la gentille ville de Melun et d'en faire la cité moderne et coquette que nous possédons aujourd'hui.

C'est durant ce quart de siècle, de 1825 à 1848, que la transformation en a été faite par les Chamblain, Bernard de la Fortelle, Drouyn, Delacourtie et Clément.

Pendant l'épidémie de 1832, l'administration fut à la hauteur de sa tâche et aucun des officiers de l'état civil n'abandonna son poste pendant toute la durée du fléau.

Les quartiers furent assainis, les maisons mises à l'alignement; on construisit le Ponts-aux-Moulins et le Pont-aux-Fruits. on établit une caisse d'épargne, le collège prit une extension plus grande, des écoles furent créées, des pompes remplacèrent les puits publics, les réverbères à l'huile disparurent pour faire place au gaz primitif, le marché aux grains fut transféré sur le boulevard qui porte aujourd'hui le le nom de Victor-Hugo et devint le rendez-vous des plus grands agriculteurs de

la Brie; enfin, pour couronner les gestions des cinq maires précités, on commença les travaux du chemin de fer Paris-
Lyon, ce qui créa dans la ville ce beau
quartier de la gare qui fait l'admiration
de tous les visiteurs.

Pendant les journées des 22, 23 et 24 février 1848, les communications avaient
été interrompues entre Melun et Paris, la
population était sans nouvelles quand M.
Monicaut, préfet de Seine-et-Marne, reçut
une dépêche de Ledru-Rollin, ministre de
l'intérieur du nouveau gouvernement.

Cette dépêche, affichée en ville, annonçait la proclamation de la République ;
alors, une agitation extraordinaire eut
lieu dans la cité, des ouvriers quittèrent
leurs ateliers, leurs chantiers et se pro-
menèrent dans les rues de Melun en chan-
tant la *Marseillaise* et le *Chœur des Gi-
rondins* que Lamartine avait popularisé
dans une pièce jouée dans un théâtre de
Paris.

Ils accrochèrent des drapeaux rouges

sur les édifices publics et aux domiciles des fonctionnaires.

Le 27, le clergé de St-Aspais, escorté d'un détachement de gardes nationaux, bénissait un arbre de la Liberté que les démocrates avaient planté sur la place St-Jean.

Cependant, malgré ces bruyantes manifestations, l'ordre ne fut pas troublé dans la cité et bientôt les drapeaux tricolores reprirent leurs places sur les édifices municipaux.

Dans la séance du conseil municipal du 6 mars, M. Oscar de la Fayette investit M. Poyez dans ses fonctions de maire.

Immédiatement, M. Poyez fit sa profession de foi politique et administrative dans laquelle il déclarait : « qu'appelé par le gouvernement provisoire à présider les destinées de la ville de Melun, il comptait sur les sympathies et le loyal concours des citoyens pour l'aider à s'occuper des intérêts de la cité.

« Comptez sur mon dévouement iné-branlable à la République, sécria-t-il, et il terminait en disant :

« Citoyens, vous savez la devise de la République française, c'est la nôtre : Liberté sans licence, Egalité partout et pour tous, Fraternité franche et active ; notre salut est là, ne l'oubliez jamais !... *Vive la République!..* »

Pendant les émeutes de Paris, le 10e dragons en garnison à Melun avait été appelé pour la défense du trône, il revint dans notre ville le 3 mars avec 4 compagnies du 61e de ligne ; les fantassins retournèrent à Paris au mois de juin et ce n'est qu'à partir du mois de septembre 1850 qu'un bataillon du 30e de ligne fut installé dans l'ancienne fabrique de toiles de St-Liesne où, depuis cette époque, la garnison d'infanterie a été constamment maintenue.

A la suite des révoltes qui eurent lieu dans la Maison centrale, les frères de la doctrine chrétienne, que le gouvernement de Louis-Philippe avait eu la singulière idée d'y installer pour garder les prisonniers, furent remplacés par des gardes civils choisis parmi les anciens militaires.

Le 27 avril, le département fut appelé à élire neuf représentants. Lafayette (Georges), obtint 78.275 suffrages ; Lafayette (Oscar), 77,718 ; Drouyn fils, 74,229 ; Lasteyrie (Jules), 68,330 ; Portalis, 58,170 ; Chappon, 48,158 ; Bastide, 35,020 ; Aubergé, 33,651 ; Bavoux, 26,262.

Au mois de mai, le 15, l'invasion de l'Assemblée et la Révolution dans Paris motivèrent le départ de la garde nationale de Melun pour porter secours aux parisiens.

Quatre cents hommes partirent dans la nuit du 16 au 17, leur courageux dévouement ne fut pas mis à l'épreuve, l'ordre venant d'être rétabli à leur arrivée dans la capitale ; ils revinrent à Melun le 19 au matin.

A léur entrée en ville, on leur fit une chaleureuse ovation, tout chacun voulait serrer la main à M. Poyez, maire, qui n'avait pas quitté le détachement.

Un mois plus tard, au moment où l'on s'apprêtait à fêter la St-Jean, des émeutes vinrent encore une fois, troubler la capitale, on entendait le canon jusqu'à Melun. Paris réclamait des secours pour combattre la guerre civile, alors les gardes nationaux melunais repartirent une seconde fois et, au lieu d'être en liesse, la population était inquète sur le sort des soldats-citoyens.

Tous rentrèrent sains et saufs et dans ces terribles journées de juin, un seul enfant de Melun tomba sous les balles des insurgés.

C'était un nommé Louis Beaujard qui servait dans la mobile.

Blessé mortellement en enlevant un drapeau rouge qui flottait sur une barricade, on le releva et, sur son désir, on le ramena dans sa famille à Melun ; il mourut au moment où il allait recevoir la croix d'honneur; la ville lui fit des obsèques solennelles.

Enfin, cette malheureuse année de 1848, si grosses d'agitations, se termina par la nomination du prince Louis-Napoléon Bonaparte à la présidence de la République.

C'est aux cris de : « Vive Napoléon !
vive l'empereur ! » poussés par les vieux
soldats de l'empire, encore très nombreux,
que les deux cantons de Melun votèrent
le 10 décembre.

Louis-Napoléon Bonaparte obtint 5,643
suffrages ; Cavaignac, 647 ; Ledru-Rollin,
81, et Lamartine, 20.

Enfin, le calme reparut et le conseil
municipal de Melun, composé d'hommes
nouveaux, s'empressa de favoriser le commerce et l'industrie compromis par les
événements.

Il fit tous ses efforts pour faire de notre
ville un centre manufacturier.

Pour encourager les industriels à s'établir dans les terrains de la Varenne, à
proximité du chemin de fer et de la Seine,
il délibéra pour exempter de tous droits
d'octroi les établissements industriels qui
seraient crées sur l'étendue du territoire
de Melun.

Le marasme des affaires empêcha ces
bonnes dispositions de réussir.

Dès le lendemain de l'élection du prince
Louis-Napoléon à la présidence de la Ré-

publique, les républicains devinrent suspects ; les bonapartistes relevèrent la tête et tous les fonctionnaires fidèles aux idées de libertés furent remplacés par d'autres dévoués à la nouvelle cause.

Le 19 avril 1849, le prince-président, qui allait inaugurer la ligne de Troyes, s'arrêta dans notre ville ; les autorités le reçurent et il passa la garnison et la garde nationale en revue sur la route de Fontainebleau.

Son séjour fut plus long, le 9 septembre suivant, lors de l'inauguration de la ligne de Paris à Tonnerre.

La municipalité qui était républicaine voyait d'un mauvais œil le neveu de Napoléon Ier à la tête du gouvernement ; aussi, prétextant des économies, elle vota la modique somme de 500 francs pour les frais de réception.

Le futur empereur entendit la messe à Saint-Aspais et déjeuna dans le grand salon de l'hôtel de ville, mais l'accueil qu'il reçut de M. le maire Poyez, lui fit pressentir que le premier magistrat de la ville était hostile à sa cause.

Le vote du conseil municipal, supprimant l'école des frères de la doctrine chrétienne de la rue St-Barthélemy, acheva d'enlever la confiance de la préfecture envers un maire qui faisait de l'opposition aux idées napoléoniennes.

Le préfet le suspendit de ses fonctions pour trois mois, le 23 septembre 1851 et définitivenment le 13 décembre suivant.

Quelques jours après sa suspension, un concours de musiques et d'orphéons eut lieu à Melun; c'est le premier concours que l'on ait organisé en France; Poyez en avait réglé tous les détails. En témoignage de sa reconnaissance, une société parisienne, escortée d'un bon nombre d'habitants, vint lui donner une aubade sous ses fenêtres la veille du concours.

Ce fut M⁰ Cocteau (Athanase-Paul-François), notaire (étude de M⁰ Féron), qui accepta les fonctions de maire après M⁰ Poyez, le lendemain de l'arrêté préfectoral.

C'est pendant sa gestion que Napoléon fit son coup d'Etat le deux décembre ; pour laver sa forfaiture Bonaparte demanda un vote de confiance au peuple français.

Melun lui donna 1.582 OUI contre 211 NON.

Le 1ᵉʳ janvier 1852, le maire Cocteau lança la proclamation suivante :

Louis-Napoléon, par son courage et son énergie, a sauvé la France des horreurs de l'anarchie et de la guerre civile dont notre noble nation était ménacée. Sa haute sagesse a triomphé des obstacles qu'une minorité factieuse opposait à ses bonnes intentions. Près de 8,000,000 de suffrages ont sanctionné le grand acte du 2 décembre.

Dieu, qui protège la France, a voulu qu'il en fut ainsi.

Que grâces lui soient rendues.

L'empire était fait. Bonaparte promulgua le 24 janvier une Constitution et le peuple, appelé à se prononcer sur le rétablissement de l'empire donna, le 22 novembre, 7,839,552 suffrages au prince-président. Le 2 décembre suivant, il était proclamé empereur des français sous le nom de Napoléon III.

Dix jours après, M. Cocteau qui avait assisté au *Te Deum* chanté à Saint-Aspais pour célébrer le coup d'Etat, donnait sa démission.

Malgré les pourparlers et les démarches du préfet de l'empire, aucune personnalité n'osait accepter la place de maire après la démission de M. Cocteau; la ville resta six mois administrée par M. Guillerand (François-Joseph), propriétaire et premier adjoint.

Des fêtes eurent lieu à Melun le 29 janvier 1853, jour du mariage de l'empereur avec Eugénie de Montijo, mais elles ne furent qu'officielles, les haines des partis n'étaient pas encore éteintes.

Le 11 juillet 1853, M. Riant (Nicolas-Denis), recteur d'Académie, accepta d'être maire de Melun; il ne resta que peu de temps, car M. Desprez (Michel-Jean-Baptiste), notaire (étude de Mᵉ Duguet), devenait chef de la municipalité le 30 octobre 1854.

Cependant les esprits commençaient à s'apaiser, les victoires de nos troupes en *Crimée* réchauffaient le chauvinisme français et, après le traité de Paris signé par Alexandre II, empereur de Russie, la confiance venait au gouvernement impérial.

Au lendemain de la naissance du prince impérial, le 17 mars 1856, des fêtes splendides furent données dans toutes les villes de France et Melun ne fut pas en retard dans cette allégresse du gouvernement.

Par suite de maladie, M. Desprez se démit de ses fonctions de maire en septembre 1856; l'administration préfectorale se retrouva embarrassée.

M· Poyez, avoué (étude de M· Lustin), était toujours populaire dans la ville de Melun; comme il avait laissé de bons souvenirs de son administration, le préfet le fit appeler et, après une entente, l'ancien républicain accepta l'écharpe municipale qui lui était offerte par le gouvernement du second empire. Il fut nommé maire pour la deuxième fois, le 29 septembre 1856, et installé par le préfet le 7 octobre suivant; il resta à la tête de la municipalité jusqu'au 1er mai 1871.

Pendant les quatorze années qu'il resta à la tête de la municipalité, M. Poyez fit des améliorations qui rendirent le séjour de Melun des plus agréables.

La ville était tenue très proprement — le matin, les ménagères jetaient leurs ordures dans le tombereau du boueur qui les appelait avec une grosse cloche.

Le maire avait eu la bonne idée d'associer, à la municipalité, M. Dajot, ingénieur en chef du département, qui résida dans notre ville de 1848 à 1864.

De concert avec M. Dajot, M. Poyez créa les jardins de l'hôtel de ville et de la gare — ce dernier si délaissé aujourd'hui — estimant, avec raison que des rangées d'arbres plantés sur les boulevards et les quais donnent un aspect superbe à une ville. Des plantations furent faites sur les promenades principales.

C'est pendant sa gestion que la statue de Jacques Amyot fut élevée dans la cour de l'hôtel de ville, le 20 mai 1860.

La fontaine St-Jean, don de M. Henri Lainville, fut inaugurée, le 16 mai 1864, sous la présidence de M. de Lassus, préfet de Seine-et-Marne.

Des docks ou magasins généraux furent construits sur le port à l'extrémité de l'île Saint-Etienne, mais ils ne remplirent pas le but que la municipalité espérait, si bien qu'aujourd'hui la ville est obligée, pour en tirer parti, de les louer partiellement à des particuliers.

Des fêtes splendides avaient lieu tous les ans à la Saint-Jean et principalement à la fête d'Août que l'on prolongeait jusqu'au 15, jour de la fête de l'empereur.

Napoléon III ne vint qu'une fois à Melun, en 1861, encore ne fit-il que de traverser la ville, car il se rendait au château de la Grange chez le comte de Clary.

Lors de ses fréquents séjours à Fontainebleau, le monarque allait souvent au château de Sivry-Courtry, chez le comte Aguado qui organisait de grandes chasses en son honneur.

En 1866, l'impératrice Eugénie rendit une visite officielle à notre cité.

Après avoir été reçue à l'hôtel de ville par le maire qui lui souhaita la bienvenue, entouré du conseil municipal et des fonctionnaires, elle visita l'hospice et les écoles de la ville.

On remarquait beaucoup le « petit prince » dans son costume de grenadier de la garde et qui saluait militairement les melunais qui l'acclamaient.

Pour le récompenser de ses nombreux services, Napoléon III décora M. Poyez qui était devenu un des plus zélés défenseurs de sa cause.

En somme, pendant le second empire, la ville de Melun prospéra.

Les régiments de cavalerie de la garde impériale qui y tinrent garnison à tour de rôle, de deux ans en deux ans, étaient une véritable source de profits pour la cité.

Les officiers, presque tous très riches, menaient grande vie et la troupe, largement payée par un gouvernement prodigue, dépensait sans compter à la grande satisfaction du commerce local.

Pourtant, le calme commença a être troublé vers 1864.

Les républicains de 48 avaient repris espoir et, malgré la police impériale qui ne les marchandait guère, les opposants de Melun gagnèrent du terrain, puis, lors du renouvellement du conseil général en 1867, M. Poyez, qui représentait le canton nord depuis 1848, ne fut pas réélu ; deux ans plus tard, le 7 juin 1869, M. Horace de Choiseul battait également M. de Beauverger, candidat officiel aux élections du Corps Législatif.

M. de Choiseul obtint, dans Melun, 1,192 suffrages et M. de Beauverger 578.

La Révolution grondait sourdement. Napoléon qui, dans son discours de Bordeaux, avait annoncé des *points noirs à l'horizon*, essaya de sauver sa couronne en faisant des concessions à l'opposition. Il établit un ministère libéral et demanda ensuite au peuple français un plébiscite destiné à assurer la transmission de la couronne à son fils.

Le vote eut lieu le 8 mai 1870. 7,335,434 oui lui donnèrent le pouvoir absolu contre 1,560,706 non.

Voici le dénombrement des suffrages pour Melun : 1,202 oui, 646 non.

Pour l'arrondissement : 12,047 oui, 3,975 non.

Six semaines après, la candidature du prince de Hohenzollern au trône d'Espagne nécessita des négociations avec la Prusse qui eut l'habileté de se faire déclarer la guerre le 15 juillet 1870.

L'enthousiasme fut grand dans la ville quand on appris la nouvelle.

Les cris de « à Berlin ! » retententissaient de tous les côtés et les parents, les amis accompagnaient les réservistes qui quittaient notre ville pour aller rejoindre leurs corps.

Une véritable ovation fut faite au régiment des guides de la garde impériale lorsqu'ils quittèrent Melun, où ils étaient en garnison, pour partir en campagne.

Quelques jours après, pour fêter le succès de nos troupes qui avaient pris Sarebruck les habitants pavoisèrent et illuminèrent leurs maisons ; mais, hélas ! les dépêches annonçant les désastres de Wissembourg, de Reichoffen, de Bazeilles, de Sedan, arrivèrent bientôt attrister les patriotes melunais.

Ces revers successifs amenèrent la chute de l'empire et, le 4 septembre, le gouvernement de la Défense Nationale était constitué.

La proclamation de la République fut annoncée à son de caisse dans les rues de Melun, le 5 septembre 1870.

Cependant l'ennemi avançait sur Paris.

Le gouvernement prenait ses précautions pour résister à l'envahisseur.

Les archives de la préfecture avaient été emballées dans un fourgon et dirigées sur Nemours.

Le 12 septembre, le maire reçut l'ordre de couper le pont de bois que l'on avait établi sur le grand bras de la Seine pendant la construction du pont de fer que nous possédons aujourd'hui et qui a été terminé en 1871.

Dès quatre heures du matin, le 13, des ouvriers de M. Manganne, entrepreneur de charpente, commencèrent la destruction d'une partie du pont provisoire et, à dix heures un trou béant interdissait désormais tout passage ; il ne restait plus, sur l'ancien pont en construction, qu'une passerelle en bois pour les piétons.

Le même jour une insurrection eut lieu à la Maison centrale; les prisonniers, voulant profiter de l'absence de toute garnison dans la ville, tentèrent une révolte.

A la première alerte, les gardes nationaux de Melun, ainsi que ceux du Mée accoururent à la prison et mirent en joue les rebelles qui ne consentirent à rester calmes qu'à la troisième sommation.

Des francs-tireurs parisiens, commandés par la Cécilia arrivèrent le lendemain à Melun et voulurent, malgré les protestations de la municipalité, organiser la défense de la ville.

Quelques-uns s'étaient embusqués dans l'établissement du collège et il fallut l'énergie de M. Poyez et de son premier adjoint, M. Gaudard, auxquels des menaces de mort furent proférées, pour faire partir ces hommes animés de bonnes intentions, sans doute, mais, étant donné leur faible effectif, qui pouvaient compromettre la sécurité de la ville hors d'état de se défendre.

Le 15 septembre, à trois heures de l'après-midi, l'ennemi foulait encore une fois le sol de la vieille cité melunaise. C'était un détachement de 17 uhlans commandés par un officier; ils descendirent la côte des Carmes au pas, le pistolet armé au poing.

Arrivés à l'hôtel de ville, l'officier demanda à parlementer avec le maire.

Très énergiquement, M. Poyez lui répondit qu'il ne lui reconnaissait pas qualité pour cela.

Peu satisfait de cette réponse, l'officier rejoignit son peloton annonçant que la ville de Melun aurait à recevoir dans la soirée 1,000 chevaux, 2,000 hommes et 16 batteries d'artillerie, puis le détachement s'en retourna au petit trot.

En prévision de l'arrivée des prussiens, le conseil municipal au grand complet s'assembla dans la salle des délibérations attendant les troupes annoncées; à six heures du soir, ils se séparèrent, aucun soldat allemand n'ayant paru.

Le lendemain 16, 1,400 francs-tireurs parisiens entrèrent en ville par la route de Fontainebleau et, sans s'occuper de la municipalité, commencèrent à faire les préparatifs de défense dans la caserne de cavalerie ; ils établirent une barricade, en renversant des charrettes en tête du pont en construction, dans la rue Saint-Ambroise et détruisirent une partie de la passerelle, seule issue que les melunais possédaient pour traverser le grand bras de la Seine.

Trois compagnies se rendirent sur la route de Rubelies et échangèrent quelques coups de feu avec les cavaliers ennemis ; plusieurs uhlans furent blessés et l'un d'entre eux fut ramené prisonnier.

Bientôt les francs-tireurs se replièrent sur Melun traversèrent la Seine et se réfugièrent dans le canton sud.

Presque derrière eux, deux dragons vert bavarois descendirent les Carmes au grand galop et pistolet en main. Devant le Pont-aux-Fruits, ils durent rétrograder à cause des verres cassés qui avaient été jetés sur le pont par les francs-tireurs.

Ils rejoignirent leur détachement qui

descendait lentement en ville, pendant
que les francs-tireurs se dirigeaient sur
Fontainebleau en abandonnant leurs préparatifs de défense.

Le soir, à cinq heures, 800 hommes de
l'infanterie bavaroise entrèrent en ville
au son des fifres et des tambours ; l'officier commandant se rendit à la mairie et
réquisitionna 1,200 kilogs de pain, des
saucisses en conséquence, 500 bouteilles
de vin dont 100 d'extra, 12 kilogs de café
brûlé en grain, environ 6 pains de sucre,
du tabac pour les soldats et de 400 cigares
pour les officiers.

Il exigea le rétablissement du pont de
bois et de la passerelle et, quelques jours
après, il faisait afficher le placard suivant :

Le commandant du corps des troupes allemandes, en ce moment à Melun, porte à la connaissance des habitants que tout individu qui
exercera une violence sur un soldat prussien,
sera immédiatement fusillé ; et toute maison
d'où partira un coup de feu sera incendiée.

Signé : colonel baron von HARLING.

Il confisqua tous les fusils à l'exception

de 80 qui furent laissés aux gardes nationaux pour le service de la Maison centrale.

Le 29 septembre, M. Poyez reçut l'ordre de se rendre au quartier général.

Il s'y rendit avec M. Lajoye et quand
ils en revinrent, ils eurent la douleur
d'annoncer à leurs collègues que le département était imposé, par les prussiens,
pour un million de francs.

Une heure après, le conseil municipal
entrait en séance devant un officier représentant le colonel bavarois, car sur l'ordre de ce dernier, la municipalité melunaise était chargée de la répartition de
cette effrayante contribution de guerre.

Notre arrondissement eut pour sa part
212,000 francs dont 12,800 pour la ville
de Melun.

Avant de se retirer, l'officier exigea le
paiement de cette somme qui lui fut ver-
sée sur-le-champ, grâce aux précautions
prises par le maire qui avait fait transporter la caisse municipale à l'hôtel de
ville.

A partir du 18 octobre les allemands

s'installaient dans notre ville; un préfet prussien, M. le comte de Fursteinstein, prenait possession de la préfecture et les soldats de la landwher, qui y tenaient garnison, logeaient chez les habitants à tour de rôle.

Le 22 novembre, M. Poyez, dont le seul crime avait été de ne pas avoir empêché les jeunes gens de Melun d'aller rejoindre les bataillons de mobilisés organisés par les autorités militaires françaises, fut déclaré prisonnier de guerre par le préfet prussien avec défense expresse de s'occuper des affaires municipales.

C'est M. Gaudard qui devait remplir les fonctions de maire.

Le lendemain de cette décision, M. Poyez résolut de s'adresser plus haut qu'au préfet Fursteinstein et à cet effet il partit pour Versailles où résidait le grand état-major allemand.

Il expliqua qu'étant donnée l'occupation ennemie, il ne pouvait rester sans s'occuper des intérêts de ses concitoyens; on écouta ses bonnes raisons et. le 25 novembre, il revenait à Melun libre de tout

engagement envers les prussiens et reprenait sa place à la tête de la municipalité.

Quelques jours plus tard, le maire et le
conseil municipal en entier se rendirent à
la préfecture afin de démontrer l'injustice
d'une réclamation qui avait été faite par
le préfet au sujet d'une prétendue attaque
sur un factionnaire prussien.

C'était un odieux mensonge dont les
autorités allemandes profitérent pour réclamer 10,000 fr. à la ville.

Malgré toute l'éloquence et la sincérité
de M. Poyez, le préfet tint bon et Melun
dut payer, le 13 décembre, la somme de
10.000 fr. exigée par un ennemi peu scru-
puleux.

Encore, M. Poyez eut-il toutes les pei-
nes du monde à faire accepter des billets
de banque français au préfet prussien; celui-ci demandait que la somme fut con-
vertie en objets d'utilité tels que draps,
laines, cuirs, etc, qu'il estimait à 30 %
au-dessous du cours, de sorte que l'on aurait donné de 13 à 15,000 fr. de marchandises au lieu de 10.000 fr. en espèces.

A Melun, ce fut, avec l'arrestation de

M. Voisin, procureur de la République, les derniers incidents de l'invasion pendant l'année 1870.

Quant à l'existence des melunais, lors de l'envahissement, elle fut des plus douloureuse : non content de leur imposer des véritables armées à loger, l'ennemi victorieux leur donnait de temps en temps le triste spectacle des convois de prisonniers français qui, presque nu-pieds, marchaient péniblement vers l'Allemagne escortés par des cavaliers prussiens.

Du reste, tout semblait s'acharner contre notre malheureux pays : l'hiver était des plus rigoureux et, pour comble de malheur, la ville n'était pas approvisionnée de charbon de terre : les ouvriers, pour chauffer leurs familles, allaient couper les arbres dans les bois environnants, mais le gaz faisait absolument défaut.

Les boutiques, d'après l'ordre des autorités allemandes, devaient être fermées à 8 heures; la ville était morne et silencieuse et quand le couvre-feu, lugubre et monotone, retentissait dans la nuit bien des larmes perlaient dans les yeux des patrio-

tes melunais qui songeaient aux malheurs
de la patrie.

Le 2 janvier 1871, pendant que l'on entendait le canon du côté de Paris, une
avant-garde de 40 cuirassiers blancs,
venant de Villeneuve-Saint-Georges, descendait la côte Saint-Barthélemy et
annonçait, à la mairie l'arrivée de toute
une armée allemande.

Cette armée composée de 20 à 25,000
hommes se dirigeait à marche forcées,
vers Orléans pour porter secours au prince Frédérick-Charles qui venait de se
faire battre par le général Chanzy commandant notre armée de la Loire.

Le 25 janvier, M. Poyez, découragé par
les exigences du préfet prussien qui venait de lui demander des équipes de bû-
cherons pour couper de beaux arbres dans
la forêt de Fontainebleau et les expédier
en Allemagne, donnait sa démission.

La situation était trop grave pour l'accepter d'autant plus que, ni MM. Gaudard
et Courtois. les deux adjoints ne voulaient
remplir les difficiles fonctions de maire.

Les conseillers firent appel au patrio-

tisme de M. Poyez qui consentit à retirer
sa démission le 28, juste le jour de la ca-
pitulation de Paris.

Cette triste nouvelle fut annoncée à Melun par le placard suivant :

Je porte à la connaissance du public que, par
suite des dépêches officielles du 29 janvier, Paris a capitulé le 28. Le même soir un armistice
a été conclu et suspend les hostilités sur tous
les points du théâtre de la guerre pendant la
durée de trois semaines !

Melun, le 30 janvier 1871.

Le Préfet,

Signé : Ch. de Furtsteinstein.

Cette affiche fut lacérée par quelques
citoyens qui se refusaient à croire à un
aussi grave malheur. Hélas ! la nouvelle
n'était que trop vraie !

Sitôt que l'on sut que les portes de la
capitale étaient ouvertes, beaucoup de
melunais partirent à pied pour savoir ce
qu'étaient devenus leurs parents, enfer-
més dans Paris, et leur porter des provisions.

Le 8 février, des élections législatives
eurent lieu pour nommer les députés à

l'Assemblée nationale ; MM. de Choiseul, Oscar de Lafayette, Jules de Lasteyrie, Voisin, d'Haussonville et, quinze jours après, M. Louis de Ségur étaient élus pour représenter le département de Seine-et-Marne.

Enfin, le 27 janvier, un petit placard, rédigé dans un style laconique et signé du préfet, fut collé sur le pilastre de la grille de l'hôtel de ville et annonçait que les préliminaires de la paix avaient été signés le 26.

A peine l'évacuation des troupes était elle commencée, qu'une insurrection éclatait à Paris, le 18 mars.

Le conseil municipal se rassembla et délibéra que « la ville de Melun adhérait au gouvernement de la République siégeant à Versailles dont M. Thiers venait d'être nommé président avec le titre de chef du pouvoir exécutif.

Le 25 mars, les soldats prussiens quittèrent le canton sud et s'installèrent sur la rive gauche de la Seine, suivant les conditions du traité de paix.

Le préfet Fursteinstein quitta la ville

le 29 mars et, le lendemain. M. le marquis de Chambon, préfet français, recevait les autorités à la préfecture.

Pourtant le parti républicain grossissait dans notre ville.

Dès le 24 mars, un comité s'était formé en vue des élections municipales qui curent lieu le 30 avril suivant.

Des hommes énergiques, qui n'avaient pas hésité à combattre l'empire pour rétablir la République, furent élus au premier tour.

Voici, à titre de document, la liste des conseillers qui remplacèrent la municipalité impériale et dont quelques noms sont bien connus de la génération actuelle :

Nivel, meunier ; *Pernet*, commerçant ; *Robillard*, ancien banquier ; *Dethire*, tanneur ; *Saby*, professeur ; *Despagnat*, avoué ; *Bancel*, docteur ; *Manganne*, charpentier ; *Lévy*, ingénieur ; *Aubergé*, juge ; *Pouteau*, vétérinaire ; *Journeil*, industriel ; *Daudé*, propriétaire ; *Finot*, prote d'imprimerie ; *Derougemont*, huissier ; *Gaudard*, propriétaire.

Un deuxième tour de scrutin eut lieu le 7 mai suivant, car il restait encore sept conseillers à élire pour compléter les 23 nécessaires

M. Poyez, qui n'avait obtenu que 699 voix, déclara se retirer de la lutte et MM. *Drouin*, greffier ; *Gabriel Leroy* ; *Rousseau*, propriétaire; *Bléreau*, pharmacien; *Thomas*, secrétaire d'Académie; *Catrain*, professeur; *Copeau*, mercier, étaient élus à leur tour.

Au lendemain des élections du 30 avril, M. Poyez ayant cessé ses fonctions de maire, ce fut M. Nivet, le premier élu qui, exerça le pouvoir municipal jusqu'au 2 juin 1871, jour de la nomination de M. Bancel.

Bien que la paix définitive ait été signée le 13, 6,000 hommes d'infanterie prussienne arrivèrent à Melun les 16 et 17 mai et, malgré tous les efforts de M. Nivet qui voulait que ces régiments logeassent à la caserne d'infanterie, alléguant la signature de la paix, ils ne voulurent rien entendre et s'installèrent chez les habitants.

Ces prussiens, venant de Machault, se dirigeaient sur Paris pour renforcer les troupes allemandes pour le cas où l'armée de Versailles aurait été battue par les fédérés, car la guerre civile continuait dans la capitale et les nouvelles les plus douloureuses étaient apportées tous les jours à Melun par de nombreux parisiens qui venaient se réfugier dans nos murs, fuyant la Révolution.

C'est ainsi que l'on apprit, le 23 mai, que les fédérés commettaient des actes de vandalisme et incendiaient les principaux monuments.

Un appel de secours fut adressé aux municipalités de la banlieue et, le 24 mai, la compagnie des sapeurs-pompiers de Melun, imitant leurs pères de 1848, partirent pour Paris.

Ce n'est que le lendemain, 25, qu'ils obtinrent l'autorisation du maréchal Mac-Mahon de pénétrer dans la capitale où ils accomplirent leur devoir pendant la fameuse *semaine sanglante*, c'est-à-dire pendant que la Commune agonisante livrait, des hauteurs de Belleville, un terrible combat d'artillerie aux troupes régulières.

Nos braves pompiers rentrèrent à Melun, quelques jours avant la nomination de M. Bancel comme maire.

Après l'insurrection, 800 hommes du 44e de ligne de notre infanterie tinrent garnison dans le quartier St-Ambroise, tandis que 2,000 bavarois occupaient la rive droite.

L'entrée du Pont-aux-Fruits était gardée par deux factionnaires allemands, en face la rue St-Aspais, et par deux soldats français à l'autre extrémité.

C'est aussi à partir du 31 mai que la garde nationale sédentaire fut relevée du service de la Maison centrale par le 44e de ligne.

Enfin, le 9 septembre, après 360 jours d'occupation, les derniers bavarois quittaient définitivement notre cité.

- La joie fut si grande, qu'à peine l'arrière-garde ennemie était-elle passée, que des feux de genêts furent allumés dans les rues et que les fenêtres étaient pavoisées

de drapeaux, au grand mécontentement
des soldats teutons qui, en se retournant,
montraient le poing aux melunais lesquels
poussaient des soupirs de soulagement.

L'Assemblée, élue le 8 février 1871,
était composée, en majorité, de royalistes
qui espéraient avoir dans M. Thiers un
auxiliaire précieux pour le rétablissement
de la monarchie.

L'ancien ministre de Louis-Philippe refusa de servir leurs projets et, devant l'at-
titude hostile des représentants du pays,
il donna sa démission, le 24 mai 1873;
l'Assemblée le remplaça par le maréchal
de Mac-Mahon duc de Magenta et les ten-
tives de réaction devinrent plus sérieuses.

Les préfets républicains furent mis en
disponibilité et remplacés par des fonctionnaires dévoués aux ministres monarchistes.

A Melun, *Le Travail*, un organe démo-
cratique qui avait une grande autorité,
fut supprimé par ordre de la préfecture et
le 23 novembre 1874, la municipalité ré-

publicaine de notre ville était révoquée par le décret suivant :

Le Président de la République française,

Sur la proposition du Ministre, Secrétaire d'Etat au département de l'Intérieur,
Vu l'article 2 de la loi du 5 mai 1855 ;

DÉCRÈTE :

Article premier

Sont révoqués :
M. Bancel, maire de la Ville de Melun (Seine-et-Marne), et MM. Robillard et Nivet, adjoints au maire.

Article II

Le Ministre de l'Intérieur est chargé de l'exécution du présent décret.
Fait à Paris, le 23 novembre 1874.

(Signé :) Maréchal de Mac-Mahon
Duc de Magenta.

Par le Président de la République,
Le Ministre de l'Intérieur,
(Signé :) Général de Chabaud-Latour.

M. Nivet, adjoint révoqué, ayant été élu le premier aux élections municipales du 22 novembre, fut, d'après la loi, désigné pour remplir les fonctions de maire.

Il géra la ville jusqu'à l'installation du

nouveau conseil municipal, le 5 janvier 1875.

Dans cette séance, M. Nivet, annonça qu'il avait remis sa démission d'intérimaire à M. le préfet et qu'il était chargé de présenter son successeur qui était M. Bancel, deuxième élu.

Le maire révoqué reprit, provisoirement, la direction des affaires municipales.

Bien que le comte de Chambord n'ait pas voulu régner sous le nom d'Henri V, en répudiant le drapeau blanc de ses ancêtres, les royalistes n'avaient pas perdu l'espoir de rétablir la monarchie et ils se préparèrent pour les élections qui devaient avoir lieu dans les premiers mois de 1876, suivant la Constitution du 25 février 1875.

Les victoires des candidats républicains ébranlèrent les intrigues de ces partisans, et une espèce de trêve eut lieu.

Ce fut pendant cette trêve que M. Bancel fut définitivement nommé, maire par décret du 12 mai 1876, avec MM. Nivet et Porchon comme adjoints.

Neuf mois plus tard, le gouvernement récompensa M. Bancel des nombreux services qu'il avait rendus, soit comme docteur soit comme administrateur, en le nommant chevalier de la Légion d'honneur, le 6 février 1877.

Cette nomination causa une joie très vive parmi la population.

Tous les membres des sociétés musicales de la ville : la *Lyre Melunaise*, la société *Chorale* et l'orphéon *Galiniste* vinrent lui donner une aubade dans la cour de l'hôtel de ville pendant la magnifique réception qui lui fut faite dans la salle du conseil, par ses collègues du conseil municipal.

Trois mois après, les monarchistes qui n'avaient pas désarmé, tentèrent encore une fois un coup de force.

Le 16 mai 1877, le maréchal de Mac-Mahon écrivait une lettre agressive à M. Jules Simon, président du conseil des ministres, et forçait ce dernier à donner sa démission. Un ministère réactionnaire le remplaça.

Alors, à partir de cette date, les partisans d'un changement de gouvernement coalisés sous l'épithète de « conservateurs » mirent le pays presque en état de siège.

Les préfets furent changés. M. de Mahou, qui avait été nommé à Versailles, fut maintenu à Melun ; mais on lui adjoignit, comme secrétaire général, M. de Bernis, politicien très militant.

Le nouveau plan des coalisés était de dissoudre la Chambre des députés, dont 363 représentants composaient la majorité républicaine et de préparer de nouvelles élections pour amener une majorité royaliste au Parlement.

Des représailles très sérieuses furent faites aux fonctionnaires, on révoqua les maires connus pour leurs idées républicaines.

Le conseil municipal de Melun fut dissous, à son tour, le 9 août 1877.

Le même jour, un arrêté préfectoral

nommait une commission municipale ainsi composée :

Poyez ; Gaudard ; Fuser ; Carette ; Costeau ; Lebrasseur ; Cravoisier ; Débonnaire ; docteur Gillet ; Coulon-Gachet ; Journeil, tous anciens conseillers avant 1871 et Bruant, épicier ; Coëmme, rentier ; Granjon, propriétaire ; Houdart; Labarre ; Leroy, ancien épicier ; Pichotte, marchand de bestiaux ; Violet, ancien cultivateur ; Prévost, huissier ; Vuaflard, avoué.

Encore une fois, M. Poyez dirigea la ville de Melun assisté de MM. Gaudard et Fuser.

Après une lutte électorale acharnée, les candidats républicains furent réélus le 14 octobre ; dans l'arrondissement de Melun, M. de Choiseul obtint 9,583 voix contre 5,667 données à M. Hennecart, son concurrent.

Après cette défaite du gouvernement, la commission municipale donna sa démission le 6 novembre suivant, mais les affaires étaient tellement graves que l'on ne s'occupait pas de pourvoir au remplacement de la municipalité dont la situation était absolument fausse.

Enfin, le calme se rétablit et, le 22 décembre, M. Poyez écrivit la lettre suivante à M. Patinot, le nouveau préfet de Seine-et-Marne :

Melun, le 22 décembre 1877.

MONSIEUR LE PRÉFET,

La commission municipale de la ville de Melun, dont je suis le président, a déposé sa démission le 6 novembre dernier, entre les mains de votre honorable prédécesseur en le priant de bien vouloir nous relever de nos fonctions dans le plus bref délai possible.

Depuis, les événements nous ont forcés à rester à notre poste.

M. de Mahou m'a dit, ces jours derniers, avoir envoyé notre démission au ministre.

Au nom de mes collègues, et en mon nom, je vous prie instamment, M. le préfet, de pourvoir à notre remplacement aussitôt que vous le pourrez, nous vous en serons très reconnaissants.

Veuillez agréer l'expression de mes sentiments les plus distingués.

Le Président de la Commission municipale de Melun,

FÉLIX POYEZ.

Aussitôt qu'il reçut cette lettre M. Patinot fit venir M. Poyez et après une entrevue des plus courtoises le président de la commission municipale revint annoncer à ses collègues que le préfet lui avait promis qu'ils seraient relevés de leurs fonctions dans les vingt-quatre heures.

M. Poyez resta à la mairie jusqu'au lendemain et quitta définitivement l'hôtel de ville sans s'occuper de son successeur.

Nous ne laisserons pas partir M. Poyez sans constater qu'il fut un administrateur habile et distingué de la ville de Melun et que beaucoup de ses ennemis politiques rendirent hommage à ses capacités en assistant à ses obsèques qui eurent lieu le 8 décembre 1885.

Les ouvertures faites par l'administration préfectorale auprès de plusieurs citoyens, n'ayant pas abouti, il en résulta que la ville de Melun se trouva sans maire pendant quelques jours.

L'honorable secrétaire, M. Fauveau, qui était entré comme employé de la mai-

rie sous l'administration de M. Bernard
de la Fortelle, s'acquittait de son mieux
de l'expédition des affaires courantes,
mais cette situation ne pouvait durer ;
c'est alors que le préfet de Seine-et-Marne
délégua M. Eymard, conseiller de préfecture, le 29 décembre 1877, pour diriger la
mairie en attendant les élections municipales qui eurent lieu le 6 janvier 1878.

Le lendemain de cette élection, M. Eymard, remit le service municipal au premier élu, M. Aubergé, ancien juge, qui
avait été révoqué pendant la campagne de
l'Ordre Moral pour ses idées républicaines.

Le 13 février suivant paraissait, dans le
Journal officiel, le décret qui nommait
M. Aubergé maire, MM. Porchon et Per-
net adjoints.

M. Aubergé resta peu de temps à la
mairie et, pendant sa gestion, il eut l'honneur d'assister au dîner offert au ministère de l'Intérieur, par M. de Marcère, à
tous les maires des chefs-lieux de départements.

Le 30 juin 1879, M. Aubergé convoquait

ses collègues du conseil municipal et, après leur avoir remis sa démission de maire, il les priait de désigner un candidat pour le remplacer à la tête de la municipalité.

Sur 17 conseillers présents, M. Bancel obtint 17 suffrages et fut nommé maire par décret du 24 juillet 1879.

En septembre 1888, le président de la République, Carnot, qui était en villégiature à Fontainebleau, vint rendre visite à la ville de Melun.

Carnot, qui devait être assassiné à Lyon quelques années plus tard par l'italien Caserio, était radieux et ce fut très sincèrement qu'il remercia le maire de Melun pour l'accueil enthousiaste qu'il avait reçu de la population melunaise.

La gestion municipal de cet homme de bien fut très laborieuse ; d'un caractère pacifique, il avait su s'attirer les sympathies de la ville tout entière.

C'est sous son administration que l'école normale des filles, le collège Jacques-Amyot, le jardin botanique et la caisse

d'épargne furent construits et contribuè-
rent à l'embellissement de notre cité.

L'éclairage électrique de la ville et l'installation d'une ligne téléphonique destinée à relier Melun à la capitale, couron-
nèrent la carriére de M. Bancel qui mourut le 18 mai 1891, en léguant une partie
de sa fortune à Melun, sa ville natale,
qu'il avait tant aimée.

Quelques jours après sa mort, le conseil municipal, répondant au vœu unanime
de la population, votait une proposition
tendant à donner le nom de «Bancel» à la
rue de Bourgogne où résidait le maire
regretté.

Voici ce que l'auteur de ce livre écrivait dans son journal le *Messager de
Seine-et-Marne*, le 8 mars 1896 :

*Les villes comme Melun sont fières d'ériger
des statues à ceux de leurs enfants qui sont devenus célèbres.*

*Nous avons eu Jacques Amyot, dont l'image
est dans la cour de l'hôtel de ville; c'est très
bien, mais n'avons-nous pas un autre enfant de
Melun qui a bien droit au bronze ou à la pierre
des statues ?*

Cet homme n'est pas une célébrité nationale, mais il a eu, a encore une célébrité locale.

Il a, pendant soixante ans, vécu dans la ville où il est né, à Melun; à sa mort, il a laissé 100,000 francs à l'hospice et le restant de sa fortune pour différentes œuvres de bienfaisance.

Cet homme, on l'a deviné, c'est M. Bancel qui a été le maire vénéré de la ville de Melun.

Ne serait-ce pas faire preuve de gratitude que de placer son buste en ronze sur un piédestal au milieu de la pelouse du jardin de l'hôtel de ville?

Ne serait-ce pas une grande joie pour les melunais de revoir son aimable sourire que l'artiste reproduirait avec talent?...

Il nous semblerait, alors, que ce brave homme ne nous a jamais quittés.

Nous connaissons trop le cœur généreux des melunais pour ne pas prophétiser qu'un jour ou l'autre ce suprême hommage sera rendu à celui qui, pendant quatorze années, a su administrer la ville de Melun avec le tact et l'impartialité qu'il convient à un magistrat municipal, que la politique ne passionne pas ; sachant concilier les esprits et apprécier ceux de ses concitoyens qui se dévouaient pour la prospérité et la gloire de la cité.

Un mois après la mort de M. Bancel, le 21 juin 1891, M. Balandreau était nommé maire de la ville de Melun... Il est encore en exercice de nos jours (1897).

Ici s'arrête la nomenclature des magistrats municipaux qui se sont succédés à Melun pendant trois siècles et dont l'histoire se rattache forcément à notre histoire locale. Nous sommes heureux d'avoir pu mener à bien ce travail qui, espérons-le, intéressera les citoyens d'une ville qui nous est chère.

FIN

Albert HUGUENIN.

TABLEAU

par ordre chronologique, des noms des Maires cités dans cet ouvrage

———◆———

XVIᵉ SIÈCLE

XVIIᵉ SIÈCLE

L'office reste vacant pendant 22 années ; la ville était gérée, pendant ce temps, par un gouverneur général.

TABLEAU DES MAIRES

TABLEAU DES MAIRES

XIXᵉ SIÈCLE

TABLEAU DES MAIRES

ERRATA

Page 29, 18ᵉ ligne : lire *donnât* au lieu de donna.

Page 34, 14ᵉ ligne : lire *caractère* au lieu de cractère.

15ᵉ ligne : lire *marchandise* au lieu de marchadise.

Page 71, 1ᵉ ligne : lire *victime de la sédition populaire* au lieu de victime du sédition populaire.

Page 148, 12ᵉ ligne, lire *Gitton* au lieu de Gaston de la Ribellerie.

Page 162, 9ᵉ ligne : lire *menacée* au lieu de menancée.

www.ingramcontent.com/pod-product-compliance
Lightning Source LLC
Chambersburg PA
CBHW070805270326
41927CB00010B/2299